U0142134

新白話六法系列 010

民法・物權

第**5**版

莊勝榮・著

書泉出版社 印行

出版緣起

談到法律，會給您什麼樣的聯想？是厚厚一本《六法全書》，或是莊嚴肅穆的法庭？是《洛城法網》式的腦力激盪，或是《法外情》般的感人熱淚？是權利義務的準繩，或是善惡是非的分界？是公平正義、弱勢者的保障，或是知法玩法、強權者的工具？其實，法律儘管只是文字、條文的組合，卻是有法律學說思想作為基礎架構。法律的制定是人為的，法律的執行也是人為的，或許有人會因而認為法律是一種工具，但是卻忽略了：法律事實上是人心與現實的反映。

翻閱任何一本標題為《法學緒論》的著作，對於法律的概念，共同的法學原理原則及其應用，現行法律體系的概述，以及法學發展、法學思想的介紹……等等，一定會說明清楚。然而在我國，有多少人唸過《法學概論》？有識之士感歎：我國國民缺乏法治精神、守法觀念。問題就出在：法治教育的貧乏。試看九年國民義務教育的教材，在「生活與倫理」、「公民與道德」之中，又有多少是教導未來的主人翁們對於「法律」的瞭解與認識？除了大學法律系的培育以外，各級中學、專科與大學教育中，又有多少法律的課程？回想起自己的求學過程，或許您也會驚覺：關於法律的知識，似乎是從報章雜誌上得知的占大多數。另一方面，即使是與您生活上切身相關的「民法」、「刑法」等等，其中的權利是否也常因您所謂的

「不懂法律」而睡著了？

　　當您想多充實法律方面的知識時，可能會有些失望的。因為《六法全書》太厚重，而一般法律教科書又太艱深，大多數案例式法律常識介紹，又顯得割裂不夠完整……

　　有鑑於此，本公司特別邀請法律專業人士編寫「白話六法」叢書，針對常用的法律，作一完整的介紹。對於撰文我們要求：使用淺顯的白話文體解說條文，用字遣詞不能艱深難懂，除非必要，儘量避免使用法律專有名詞。對於內容我們強調：除了對法條作字面上的解釋外，還要進一步分析、解釋、闡述，對於法律專有名詞務必加以說明；不同法規或特別法的相關規定，必須特別標明；似是而非的概念或容易混淆的觀念，一定舉例闡明。縱使您沒有受過法律專業教育，也一定看得懂。

　　希望這一套叢書，對普及法律知識以及使社會大眾深入瞭解法律條文的意義與內容等方面都有貢獻。

修訂序

　　現代法治國家必然是依法行政的國家，行政機關如何貫徹法律制度是重要的課題。「人盡其才，地盡其利，物盡其用，貨暢其流」是我們耳熟能詳的名言，但是要落實於法律條文內，才可能為行政機關所實施，否則充其量只是響亮的口號，無法達成16字訣的理想境界。

　　人盡其才方面，要從人事制度、文官制度、考試制度及選舉規範、選舉風氣方面著手，讓優秀之人才出頭，為國效命、為民服務。

　　地盡其利方面，則從國土規劃、民法、土地法規及相關規定擘劃，讓土地為人民共享，無荒蕪頹廢之虞。

　　物盡其用方面，則與民法及交易行為息息相關，讓真正需要某物的人得到某物，無需該物的人轉手他人，不致形成物在找人，人在找物的供需失調現象。

　　貨暢其流方面，除與民法、海商法及貿易法規密切不可分外，陸、海、空交通的便利，也是貨暢其流的法門。

　　民法與地盡其利、物盡其用、貨暢其流最有關聯，而債權法及物權法則是民法的任督二脈，欲窺民法之堂奧非精通債權法及物權法不可，當然民法總則是最基本的知識，非熟悉無以入債權法及物權法的大門。

　　債權法的目的，有許多在獲致對物享有所有權，例如透過

買賣、委建、合建、贈與、互易、讓與而對物享有財產權，以滿足人的需求。在資本主義社會，准許個人擁有私有財產，債權法及物權法自然運用廣泛，但共產主義社會，早期不准人民享有私有財產，債權法及物權法當然受到奚落，但人民的智慧日高及世界潮流的衝擊，共產主義不准人民享有私有財產不符人性，已漸漸修正承認人民私有財產，債權法及物權法，乃至於各種合約，在共產主義的國家勢必漸漸抬頭，債權法及物權法的重要可見一斑。

民國96年3月5日立法院三讀通過修正民法物權，幅度非常之大，包括抵押權章增加28條，修正15條；質權章增加7條，修正20條；留質權章增加1條，修正8條，刪除2條；施行法增加8條，修正4條，合計增、刪、修正計92條。

民國98年1月23日總統公布物權修正第757～759、764、767～772、774、775、777～782、784～790、792～794、796～800、802～807、810、816、818、820、822～824、827、828、830條條文；刪除第760條條文；增訂第759-1、768-1、796-1、796-2、799-1、799-2、800-1、805-1、807-1、824-1、826-1條條文；並自公布後六個月施行。

民國99年2月3日總統令修正公布第800-1、832、834～836、838～841、第五章章名、851～857、859、882、911、913、915、917～921、925、927、941～945、948～954、956、959、965條；刪除第833、第四章章名、842～850、858、914條；並增訂第三章第一節節名、833-1、833-2、835-1、836-1～836-3、838-1、第三章第二節節名、841-1～841-6、第四章之一章名、850-1～850-9、851-1、855-1、859-1～859-5、917-1、922-1、924-1、924-2、951-1、963-1條條文。

　　民國101年6月13日總統令修正公布第805、805-1條條文；並自公布後六個月施行。

　　本書以簡易淺顯的白話文，敘述枯燥乏味的法律文言意義，加以法院之見解及大法官解釋，旨在增進其實用性，並輔以實例問題，讓讀者瞭解社會上活生生的個案，以兼顧理論與實務。如讀者能融會貫通，當可達到「預防勝於治療」的現代化預防司法；如不小心官司已纏身，亦可供解疑釋惑之用。

　　作者學識淺薄，雖努力以赴，惟疏漏在所難免，希望讀者及先進賢達賜予指正，不勝感激。

莊勝榮

凡例

（一）本書之法規條例，依循下列方式輯印：

1. 法規條文，悉以總統府公報為準，以免坊間版本登載歧異之缺點。

2. 法條分項，如遇滿行結束時，則在該項末加「。」符號，以與另項區別。

（二）本書體例如下：

1. 導讀：針對該法之立法理由、立法沿革、立法準則等逐一說明，並就該法之內容作扼要簡介。

2. 條文要旨：置於條次之下，以（ ）表示。

3. 解說：於條文之後，以淺近白話解釋條文意義及相關規定。

4. 實例：於解說之後舉出實例，並就案例狀況與條文規定之牽涉性加以分析說明。

（三）參照之法規，以簡稱註明。條、項、款及判解之表示如下：

條：1、2、3……

項：Ⅰ、Ⅱ、Ⅲ……

款：①、②、③……

但書規定：但

前段：前、後段：後

司法院34年前之解釋例：院……

司法院34年後之解釋例：院解……

大法官會議解釋：釋……

最高法院判例：……台上……

行政法院判例：行……判……

沿革

1. 民國18年11月30日國民政府公布全文第757條至第966條條文。

   民國19年5月5日施行。

2. 民國84年1月16日總統令修正公布第942條條文。

3. 民國96年3月28日總統令修正公布第860～863、866、869、871～874、876、877、879、881、883～890、892、893、897～900、902、904～906、908～910、928～930、932、933、936、937、939條條文；增訂第862-1、870-1、870-2、873-1、873-2、875-1～875-4、877-1、879-1、881-1～881-17、899-1、899-2、906-1～906-4、907-1、932-1條條文及第六章第一節節名、第二節節名、第三節節名；刪除第935、938條條文；並自公布後六個月施行。

4. 民國98年1月23日總統令修正公布第757～759、764、767～772、774、775、777～782、784～790、792～794、796～800、802～807、810、816、818、820、822～824、827、828、830條條文；增訂第759-1、768-1、796-1、796-2、799-1、799-2、800-1、805-1、807-1、824-1、826-1條條文；刪除第760條條文；並自公布後六個月施行。

5. 民國99年2月3日總統令修正公布第800-1、832、834～836、838～841、851～857、859、882、911、913、915、917～

民法
物權

921、925、927、941～945、948～954、956、959、965條
條文及第五章章名；增訂第833-1、833-2、835-1、836-1～
836-3、838-1、841-1～841-6、850-1～850-9、851-1、855-
1、859-1～859-5、917-1、922-1、924-1、924-2、951-1、
963-1條條文及第三章第一節節名、第二節節名、第四章之
一章名；刪除第833、842～850、858、914條條文及第四章
章名；並自公布後六個月施行。

6. 民國101年6月13日總統令修正公布第805、805-1條條文；並
自公布後六個月施行。

目 錄
Contents

物　權

物權編導言

物權的意義

　　權利依標準的不同，有公權及私權的區別，私權又可分為財產權及非財產權、支配權、請求權。非財產權包括人格權及身分權；財產權包含債權、物權、準物權、無體財產權（例如商標權、專利權、著作權）。債權指特定人（債權人）請求特定人（債務人）作特定行為或不作特定行為的權利，換句話說，債權是存在於特定人相互之間，物權則是直接支配物，並具排除性的權利，在債權情形下，債務人不履行契約，例如買車不付錢，買屋不過戶，租房屋到期不遷讓，合夥不分擔債務，搭霸王車不付錢等，債權人可請求履行契約，或請求債務不履行的損害賠償，甚至請求違約金，或解除契約等。一般人民的日常生活與債權息息相關，可是人民常常沒有感覺債權債務的關係。早上起床用電、用水要繳電費、水費這是債權、債務關係。出門搭公車要付車資，也是債權債務關係，如搭公車則是旅客運送契約；如搭計程車則是僱傭契約；自己開車加油時要付費，則是買賣契約；私家車向保險公司投保，則是保險契約；中午到外面吃館子或買便當，是買賣契約；下午朋友送三明治來享用，是贈與契約；下班後回家，房屋是租來的，房客與房東是租賃契約；晚上休閒時觀賞電視錄影帶，錄影帶是租來的，也是租賃契約。在物權的情況下，第三人有不法侵害

或妨害時，所有權人有請求返還、妨害除去或妨害防止等請求權（民§767），而債權關係，則無此種排除的權利。

物權也跟人民的財產密不可分，例如房屋所有人拿房地產為親朋作保，設定抵押權給債權人，以幫助親朋好友紓困；房屋所有人不滿屋頂所有權人搭蓋違建房屋霸占屋頂平台，提起拆屋的訴訟；住家無路可對外聯絡，主張通行權；兄弟姊妹繼承一筆土地而分割財產；將股票質押給金主借款，以借得款項；鄰居蓋屋導致地基鬆陷，土地所有人出面請求禁止；鄰居噪音、穢氣進入，土地所有人請求禁止；不知情買受贓車，主張善意取得等。

由上述例子，不難瞭解，不管債權或物權，在日常生活中均扮演重要的角色，當然在企業界、金融界、房地產業、乃至各行各業，均有熟悉債權法及物權法的必要，而達到「進可攻退可守」的不敗之地。

物權的種類

物權的種類相當多，散見於不同的法規，民法所定的種類有，所有權、地上權、農育權、不動產役權、抵押權（普通抵押權、最高限額抵押權、其他抵押權）、質權（動產質權及權利質權）、典權、留置權等權利，其他法規如土地法第34條之1、第104條的優先承買權，礦業法所定的礦業權，海商法所定的船舶抵押權等均屬物權。在這些權利中，我們比較熟悉常見的是所有權及抵押權，因抵押權是擔保之王，一般人常使用它來融資，而設定時須以所有權作為對象，兩者息息相關。

物權法的性質

債權法尊重當事人意思自主，有許多任意性的條款，當事人可以自由約定彼此的契約，但物權法則是強行法，不許當事人創設物權，因物權法與社會公共利益休戚與共，不許當事人任意創設、變更，應絕對遵守，例如一物一權主義、物權法定主義等，不容許當事人「唱反調」，以契約變更這些原則。

物權的效力

物權有三大效力：一為排他的效力，不許同一標的物上成立相同的物權，例如一物一權主義即是，不容許一房屋所有權全部歸甲，同一房屋所有權全部又歸乙，頂多二人公同共有或分別共有；二為追及的效力，例如抵押權人不管抵押物輾轉到何人手中，抵押權人均可對該物行使權利，猶如「跑得了和尚，跑不了廟」的追及效力；三為優先的效力，例如抵押權有三個順序，第一順序優先第二、三順序，順序先後可從土地登記簿謄本得知，物權是很注重「倫理秩序」的，不許插隊或後來居上。又如某甲先向建設公司買A房屋，但乙後來出高價也向建設公司買A屋，卻先辦理所有權登記完畢，甲即使先買也敵不過乙的所有權，這就是所有權的優先性。

第一章

通　則

第757條（物權法定主義）

物權除依法律或習慣外，不得創設。

解說

　　物權包括所有權、地上權、永佃權、農育權、不動產役權、抵押權、質權、典權、留置權等八種。因這八種權利，具有強大的效力，可以對抗其他人，所以法律規定不可以用契約或習慣創造其他物權權利，包括物權的內容，以免侵害公眾的利益。但98年1月12日立法院通過修正以下述理由准許以習慣法形成新物權。

　　為確保交易安全及以所有權之完全性為基礎所建立之物權體系及其特性，物權法定主義仍有維持之必要，然為免過於僵化，妨礙社會之發展，若新物權秩序法律未及補充時，自應許習慣予以填補，故習慣形成之新物權，若明確合理，無違物權法定主義存立之旨趣，能依一定之公示方法予以公示者，法律應予承認，以促進社會之經濟發展，並維護法秩序之安定，爰仿韓國民法第185條規定修正本條。又本條所稱「習慣」係指具備慣行之事實及法的確信，即具有法律上效力之習慣法而言，併予指明。

　　本條所指的依法律，例如漁業法、著作權法、商標法、海商法、土地法、民用航空法、動產擔保交易法等，這些法律屬於民法的特別法，其中規定的漁業權、著作權、商標權、耕地權、航空器抵押權、動產抵押權等物權，與民法的物權都有效力。

實例

　　甲所有之土地，經附近居民通行三十年成為既成巷道，甲因該土地飆漲欲出售，乃用圍牆圍堵起來，乙無法通行甚不服氣，一狀告到法院，請求確認乙就該土地有公用不動產役權存在，有無理由？

　　根據行政法院46年判字第39號判例，私有土地實際上供公眾通行三十年成為既成巷道，公法上認為已有公共地役關係存在。但依據最高法院及司法院第一廳的意見，認為公用不動產役權並非民法或其他法律規定的物權，因此，不得依民事訴訟程序請求確認。乙並沒有公用不動產役權，他依照民事訴訟程序確認對甲的土地有公用不動產役權存在，並沒有理由，法院應判決原告之訴駁回，訴訟費用由原告負擔。

　　甲壅塞道路行為，將構成刑法第185條妨害公眾往來安全罪。

第758條（物權的登記生效要件主義）

不動產物權，依法律行為而取得、設定、喪失及變更者，非經登記，不生效力。

前項行為，應以書面為之。

本條規定不動產物權若依法律行為，如買賣、互易、贈與而取得，或依設定、拋棄而變更或喪失，非經登記，不生效力。不動產所在地的地政事務所設有土地或建物登記簿，若未登記於登記簿上，不發生物權的取得、喪失及變更效力。例如甲向乙買土地，但未辦理所有權移轉登記（俗稱過戶），登記簿上的所有權人仍然是登記乙，若乙再賣給第三人丙，並過戶完畢，甲不能向丙主張該土地是甲的，此時甲只能告乙損害賠償，不能告丙移轉登記土地，也不能告乙移轉登記土地，因土地已經不是乙的，告乙移轉土地沒有理由。丙跟甲之間沒有任何法律關係，甲告丙移轉登記，也沒有理由。

又因自己出資建築之房屋，不待登記即原始取得的所有權，與房屋起造人名義之誰屬無關，與本條所謂因法律行為而取得者須登記所有權不同。

本條第2項所謂「書面」，係指具備足以表示有取得、設定、喪失或變更某特定不動產物權之物權行為之書面而言。如為契約行為，須載明雙方當事人合意之意思表示，如為單獨行為，則僅須明示當事人一方之意思表示。至以不動產物權變動為目的之債權行為者，固亦宜以書面為之，以昭慎重；惟核其性質則以債編中規定為宜，如第166條之1第1項已明定「契約以負擔不動產物權之移轉、設定或變更之義務為標的者，應由公證人作成公證書」。

當事人未依規定公證之債權契約，但已為不動產物權之移轉、設定或變更，而完成登記者，仍有效，不因債權契約未公證，而喪失效力淪為不當得利。地政機關不得以當事人間債權契約未公證為由而拒絕受理登記之申請。若不動產債權契約（例如買賣土地、房屋）未經公證，契約未成立，買受人無法訴請所有權移轉登記。

　　張弘、陳雲、王安、李欣將所有土地提供甲建設公司建屋，合建契約約定建成後張弘、陳雲、王安、李欣各分得一、二、三、四樓房屋，甲公司分得五、六、七樓房屋。建築完成後，甲公司將一、二、三、四樓房屋交付張弘、陳雲、王安、李欣居住，但未辦理所有權移轉登記，一、二、三、四樓房屋所有權仍為甲公司名義，甲公司之債權人A銀行對一、二、三、四樓房屋查封，問張弘、陳雲、王安、李欣能否排除A銀行之強制執行？

　　張弘、陳雲、王安、李欣、甲合建契約約定，張弘、陳雲、王安、李欣提供土地由甲建屋，建成後房屋及土地分歸張弘、陳雲、王安、李欣、甲契約當事人雙方取得，依法院之見解屬於土地與房屋的互易（交換），所以應準用買賣的規定。

　　甲公司雖將房屋點交張弘、陳雲、王安、李欣居住，但所有權人仍登記為甲名下，未辦理所有權移轉登記，依本法第758條的規定，房屋所有權未發生變動，仍為甲公司所有，因此，張弘、陳雲、王安、李欣尚不是房屋的所有權人，無法對甲的債權人A銀行的強制執行有所主張或排除A銀行的強制執行。

　　甲應將一、二、三、四樓房屋分別移轉登記給張弘、陳雲、王安、李欣，但A查封拍賣後，一、二、三、四樓房屋為其他人拍定（買受），甲無法將房屋過戶給張弘、陳雲、王安、李欣。張弘、陳雲、王安、李欣可向甲請求損害賠償，但甲如果沒有財產或已經脫產，即使張弘、陳雲、王安、李欣告贏了，也是數張判決書，沒有意義。因此，尋找信譽卓著的建設公司異常重要，預防勝於治療是現代人應該有的法律常識。

實例二

　　林山將A土地賣給賴雄，並交付土地給賴雄蓋工廠，但未辦理所有權移轉登記，林山再將同一筆土地賣給胡媛，並且辦理所有權移轉登記，胡媛向法院起訴請求拆除賴雄工廠並交還土地，有無理由？

　　所有權對於任何人都有效力，簡單地說，所有權可以排除任何人的無權占有。賴雄雖向林山買了土地且已經使用，但是未辦理所有權移轉登記，賴雄蓋工廠使用，只能說有使用權但沒有所有權，林山再將土地賣給胡媛，且辦理所有權登記完畢。胡媛取得所有權，賴雄與胡媛沒有買賣、借貸、租賃關係，胡媛基於所有權人地位，訴請法院拆除賴雄的工廠並交還土地，賴雄拿出他與林山的買賣關係作為抗辯，賴雄沒有理由。

　　林山賣土地予賴雄時，如有計畫將土地再賣予胡媛時，則林山有詐騙賴雄的意圖，賴雄可告林山詐欺罪，此外，也可依買賣契約的規定，向林山請求損害賠償。

第759條（物權的宣示登記）
因繼承、強制執行、徵收、法院之判決或其他非因法律行為，於登記前已取得不動產物權者，應經登記，始得處分其物權。

解說

　　第758條是規定法律行為（例如買賣、互易、合建、贈與）而取得設定、喪失、變更物權者，必須登記才生效力。

本條則是規定因繼承、強制執行、公用徵收、法院的判決，在登記之前已取得不動產物權者，不以登記為生效要件。此外，因法律規定而取得物權者，亦是如此。再者，自己出資興建房屋，不以登記為物權生效要件，違章建築之出資人以原始取得建物之所有權，但是，因繼承、強制執行、公用徵收、法院判決，在未登記前固然已取得不動產的所有權，如果所有權人要使不動產物權發生變動，必須登記，以貫徹登記要件主義。本條所謂不得處分其物權，並不包括與人訂立買賣或其他債的契約情形在內。繼承人先與第三人成立不動產買賣契約，俟完成繼承登記後，再將不動產移轉登記給第三人（買受人），並無不可（最高法院51年台上字第133號判例）。

因繼承而取得不動產的時間是被繼承人死亡繼承開始時；強制執行則是法院發給所有權權利移轉證書當天；公用徵收則為發給補償費完畢之日；法院判決取得不動產的時間是判決確定日。

所謂登記，指地政機關將應登記的事項記入登記簿，並校對完竣、加蓋登記、校對人員名章而言。如果僅聲請登記或未記入登記簿，或校對未完竣均不發生登記效力。

實例一

華山、吳美、黃昌為A土地之共有人，持分各三分之一，華山於82年5月10日去世，華山的繼承人華明、華興未辦理繼承登記前，吳美、黃昌可否分割A土地？

分割共有物對於共有物的權利有所變動，所以屬於處分行為的一種。華明、華興因繼承而取得A地三分之一持分（二人共有三分之一），雖不以登記為生效要件，但是依本法第759條規定，吳美、黃昌要分割A地，須俟華明、華興辦理繼承登

記後始可。

　　依最高法院69年台上字第1012號判例，為了訴訟經濟起見，吳美、黃昌可以在同一張狀紙請求繼承人華明、華興辦理繼承登記，同時請求分割共有物。

實例二

　　潘成將土地出賣予胡建，嗣後土地飆漲，潘成不願將土地移轉登記予胡建，又惟恐胡建取得勝訴判決聲請登記，乃串通趙康，由潘成開具一紙面額100萬元之本票交付趙康，趙康向法院聲請假處分禁止移轉，胡建訴請法院判決移轉登記勝訴確定後，向地政機關辦理登記，地政機關可否以該土地實施假處分中，駁回胡建的聲請登記？

　　假處分的制度，以禁止債務人移轉、設定等行為，藉以保全債權人事後的強制執行。潘成的土地已被趙康假處分，不得為其他處分行為，倘准許胡建持確定判決逕行登記，則趙康的假處分失所保障，故地政機關不許胡建的聲請登記。

　　胡建如不服地政機關之駁回聲請，得依訴願法規定提起訴願。

　　胡建得以潘成及趙康為被告，提起確認該二人間100萬元本票債權不存在，以排除不安定之狀態。

第759條之1（不動產物權登記之變動效力）
不動產物權經登記者，推定登記權利人適法有此權利。
因信賴不動產登記之善意第三人，已依法律行為為物權變動之登記者，其變動之效力，不因原登記物權之不實而受影響。

解說

　　本條係98年1月12日立法院通過增訂之理由如下：

一、「登記」與「占有」同為物權公示方法之一，民法就占有既於第943條設有權利推定效力之規定，「登記」自亦應有此種效力，爰仿德國民法第891條、瑞士民法第937條第1項規定，明定如上，以期周延。又此項登記之推定力，乃為登記名義人除不得援以對抗其直接前手之真正權利人外，得對其他任何人主張之。為貫徹登記之效力，此項推定力，應依法定程序塗銷登記，始得推翻。至於土地法第43條雖規定依該法所為之登記有絕對效力；惟實務上向認在第三者信賴登記而取得土地權利之前，真正權利人仍得對登記名義人主張登記原因之無效或撤銷（最高法院40年台上字第1892號判例參照），是該條文所稱絕對效力，其範圍既僅止於保護信賴登記之善意第三人，其效果自與本條文無異。惟為免文義兩歧，於修正土地法時應將第43條配合本條修正。

二、不動產物權之登記所表彰之物權如何與實際狀態不一致，例如無所有權登記為有所有權，或土地有地上權負擔而未登記該地上權等不實情形，而信賴不動產登記之善意第三人因信賴登記與之為交易行為，依法律行為再為物權變動之登記者，其效力如何？現行法尚無明文規定，惟實務上見解均承認其效力（司法院院字第1956號解釋、最高法院41年台上字第323號判例參照）。為確保善意第三人之權益，以維護交易安全，爰依上開解釋、判例及參照德國民法第892條、瑞士民法第973條規定，明定如上。

大興平時與大兒子公明住在一起，公明為償還賭債，偷取大興之印鑑章及土地所有權狀，並以自己為受託人為大興申請印鑑證明書，將大興一筆土地以贈與為原因過戶到公明名下，公明並將土地賣給清明500萬元，並已登記完畢，公明將其中300萬元清償賭徒牛三。大興某日要賣該土地時調閱謄本，始悉被輾轉過戶到清明名下，大興訴請清明塗銷所有權登記有無理由？

　　大興之土地已過戶到第三人清明之名下；清明主張依土地法第43條規定，信賴公明之土地登記而與之交易，該登記有絕對效力，大興將受敗訴之判決。

　　如該土地尚未過戶到清明名下，尚在大兒子公明名下，則大興以公明偽造文書登記所有權，則公明無法以土地法第43條對抗大興，依最高法院40年台上字第1892號判例，第三者信賴登記取得土地權利之前，真正權利人仍得對登記名義人主張登記原因之無效或撤銷。大興的起訴塗銷公明之所有權登記有理由。

第760條（刪除）

第761條（動產物權之讓與方法——交付、簡易支付、占有改定、指示交付）

動產物權之讓與，非將動產交付，不生效力。但受讓人已占有動產者，於讓與合意時，即生效力。

讓與動產物權，而讓與人仍繼續占有動產者，讓與人與受讓人間，得訂立契約，使受讓人因此取得間接占有，以代交付。

讓與動產物權，如其動產由第三人占有時，讓與人得以對於第三人之返還請求權，讓與於受讓人，以代交付。

解說

　　本條是規定動產所有權、質權、留置權，依法律行為（如買賣、贈與、互易）而變動，當事人之間有動產物權變動的主觀意思，及交付的客觀行為，才生效力。

　　如果當事人間對物權變動的意思未言明，但有交付動產的行為，通常情形在交付時就隱含有使動產的歸屬發生變動的意思。

　　交付的方法有下列四種：

一、現實交付：物權的讓與人將動產交給受讓人現實管領。例如消費者向商店買汽水，店員將汽水交給顧客，顧客就取得汽水的所有權。店員交付汽水，就是現實交付。

二、簡易交付：讓與人將動產讓與受讓人時，受讓人已占有動產，此時於讓與之意思一致時，受讓人取得動產權利。如張三無權占有王六的機車，張三惟恐王六告他竊盜，乃向王六買該輛機車，買賣發生時，該機車的所有權發生變動，由王六轉移張三，張三不必將機車還王六，再由王六交給張三，可避免麻煩。

三、占有改定：讓與人將動產讓與受讓人，但讓與人仍占有該動產，讓與人與受讓人另訂契約，使受讓人對動產取得間接占有的地位，以代替現實交付。例如甲賣機器給乙，但

甲尚須使用機器十日，無法於買賣成立時將機器交付乙，因此，甲乙訂立使用借貸契約，乙對機器已取得所有權，機器借予甲使用十日，甲是直接占有人，乙是間接占有人。

四、指示交付：讓與人將動產讓與受讓人，但該動產由第三人占有中，因此，讓與人將他對第三人的返還請求權讓與受讓人，以代替交付。例如甲將電腦租給乙，甲將電腦賣給丙，甲可將對乙的返還請求權讓與丙，由丙向乙請求返還電腦，但是，此種請求權是債權，除了丙同意外，甲應通知乙，否則乙可主張該讓與對乙不生效力，乙可拒絕丙的請求。

宋文將汽車賣給郭武，並且交給郭武使用，只是未向監理機關辦理過戶，問郭武是否取得汽車所有權？

汽車是動產，依本法第761條第1項規定，以物權的讓與交付為生效要件。不像不動產，以登記為生效要件。而監理機關的過戶手續，只是行政上的管理措施，與物權變動與否無關。因此，宋文既將汽車交付郭武，郭武即享有所有權。相反地，若宋文與郭武到監理機關辦理過戶，但是，宋文未將汽車交付（任何一種方式的交付）郭武，郭武仍然未享有所有權。只是，過戶後宋文尚駕駛汽車，而有違規情事，違規的紅單汽車所有人欄將會是郭武，郭武繳完罰款後，再向宋文請求罰款款項。因此，汽車之買賣最好一過戶完畢即行交付，以免發生後遺症。

第762條（所有權與其他物權之混同）
同一物之所有權及其他物權，歸屬於一人者，其他物權因混同而消滅。但其他物權之存續，於所有人或第三人有法律上之利益者，不在此限。

解說

　　所有權與其他權利（抵押權、典權、地上權）由一人同時擁有時，原則上其他權利消滅。因為，所有權利中所有權最大，故其他權利消滅，只剩所有權。例如甲對A土地有地上權，後來甲買受該土地及房屋，甲同時有地上權及所有權，此時，地上權因與所有權混同而消滅。例外情形指對所有人或第三人有利害關係，其他物權不消滅。例如甲將土地設定抵押權給乙（第一順位），又設定給丙（第二順位），乙向甲買受土地而取得所有權，如果乙的抵押權消滅，丙的順位躍升為第一順位，對乙不利；因為丙可拍賣抵押物獲清償，乙卻分文未獲清償，因此，在此情形下，乙的抵押權繼續存在。混同是法律規定（有說是事實），不像法律行為是當事人雙方的意思，因此，不動產物權因混同而消滅的權利，毋須辦理登記。

　　不動產所有人於同一筆土地設定典權予他人後，可否將同一筆土地設定抵押權予第三人？依大法官會議釋字第139號解釋，於此情形，在不妨害典權之範圍內，仍得為第三人設定抵押權。

第763條（所有權以外物權之混同）
所有權以外之物權及以該物權為標的物之權利，歸屬於一人

者，其權利因混同而消滅。

前條但書之規定，於前項情形準用之。

解說

　　本條所謂的所有權以外之物權，與前條之物權意義相同。所消滅的「其權利」，指以物權為標的物之權利。例如甲以地上權設定予乙，又設定抵押權予乙，後來甲為乙的繼承人，甲取得地上權為本條所指所有權以外的物權，物權為標的的權利就是抵押權，兩者均歸甲一人，則抵押權消滅，僅剩地上權。因混同而消滅的權利，不必辦理登記。

第764條（物權之拋棄）

物權除法律另有規定外，因拋棄而消滅。

前項拋棄，第三人有以該物權為標的物之其他物權或於該物權有其他法律上之利益者，非經該第三人同意，不得為之。

拋棄動產物權者，並應拋棄動產之占有。

解說

　　本條係98年1月12日立法院通過修正之理由如下：

一、以物權為標的物而設定其他物權或於該物權有其他法律上之利益者，事所恆有。例如以自己之所有權或以取得之地上權或典權為標的物，設定抵押權而向第三人借款；或如以質權或抵押權連同其所擔保之債權設定權利質權；或地上權人於土地上建築房屋後，將該房屋設定抵押權予第三人等是。如允許原物權人拋棄其地上權等，則所設定之其

他物權將因為標的物之物權消滅而受影響，因而減損第三人之利益，對第三人保障欠周，爰增訂第2項。

二、又拋棄動產物權者，並應拋棄動產之占有，爰增訂第3項。至於所拋棄者為不動產物權時，仍應作成書面並完成登記始生效力。惟因係以單獨行為使物權喪失，應有第758條規定之適用，無待重複規定。

物權是直接管領特定物的權利，所有人一經表示拋棄的意思，即應失去該物的一切權利。拋棄是權利人對外表示，放棄權利的單獨行為，而單獨行為是法律行為的一種，因此拋棄不動產須向地政機關辦理塗銷登記，非經登記不生拋棄的效力。拋棄以後的不動產屬國庫所有。拋棄動產，如沒有拋棄的對象（無相對人），必須放棄對動產的占有，如果仍占有動產，無法彰顯拋棄的意思，不生拋棄效力。動產拋棄後成為無主物，先占的人享有所有權。如拋棄的動產要給一定對象的人（有相對人），必須將該動產交付給相對人，才有效力。所謂法律另有規定，例如本法第834條，無租期地上權的拋棄。

詹博對外稱他拋棄一筆土地，邱士信以為真，就占用該筆土地耕作，但土地登記簿上的所有權人仍是詹博，問詹博可否對邱士主張返還土地？

拋棄是法律行為的一種，依本法第758條規定，不動產物權的喪失，須登記才有效。詹博未辦理所有權塗銷登記，僅對外聲明，不生拋棄的效力。邱士占有詹博的土地，是無權占有（沒有合法耕作的權利來源），所以，詹博可請求邱士返還土地。

第二章

所有權

第一節　通則

> **第765條**（所有權之內容）
> 所有人於法令限制之範圍內，得自由使用、收益、處分其所有物，並排除他人之干涉。

解說

　　所有權係依物的性質及法令所定的限度內，於事實上、法律上管領物的唯一權利，所有權人對物（含動產及不動產）可行使占有、使用、收益、處分、管理等支配的權利。條文上所謂使用、收益、處分，只是舉例而已，並非以此三種作用為限。限制所有權的法令有兩種：一為公法上的限制，例如槍砲彈藥刀械管制條例限制持有彈藥刀械、管制藥品管理條例限制麻醉藥品的持有、運輸及販賣。其他尚有許多行政規章的規定；二為私法上的限制，例如本法第774條至第787條有關相鄰關係的規定。此外，尚有當事人間的約定，例如確定買受人買賣房屋後，不得將房屋賣給他人作特種場所之用。

　　使用指不毀損或變更物的性質，供生活的需要而利用。使

用電腦、居住房屋、駕駛汽車均為使用。

收益指收取天然的孳息及法定的孳息。前者如種樹收取果實，後者如收取房租、收取利息。

處分有兩種：一種是事實的處分，例如拆屋燬屋、製造冰棒、玩偶等變更或消滅物的本體；另一種是法律的處分，如移轉所有權、設定抵押權、拋棄所有權等，變更、限制或消滅物的權利。

本條所謂的處分包括上述兩種處分。

王燈將房屋及土地賣給李輝，並且已點交完畢，但未辦理登記，王燈欠人家錢被法院拍賣房屋及土地，由郝村拍定並取得法院發給的權利移轉證書，李輝對郝村主張他與王燈有買賣契約，可以使用該房屋，是否有理？

郝村領得法院發給的權利移轉證明，已享有該房屋及土地的所有權，如果郝村要設定或賣房屋土地，必須向地政機關登記，未登記前，郝村對房屋土地仍然有所有權。

王燈與李輝間固然有買賣契約，但未辦理移轉登記，原先土地及房屋所有權人仍是王燈，李輝無法以他與王燈間有買賣契約，而對新所有權人郝村，主張有使用房屋土地的權利。這就是物權之威力，他人間的債權契約，不能對抗物權。

第766條（物之成分及天然孳息之歸屬）

物之成分及其天然孳息，於分離後，除法律另有規定外，仍屬於其物之所有人。

解說

除了法律另外規定，或當事人間有特別約定外，物的成分分離以後，究竟是原物的一部分，或者獨立一個新的物體，若不規定，必有爭論。本條為了預防糾紛，規定於此情況下，分離後的果實或動物所生的小動物，所有權歸屬於原物的所有人。

實例

張碧將土地賣給陳玉，契約約定張碧對土地上的竹子有砍伐的權利，陳玉後來將土地賣給黃茜，並已過戶完畢，張碧能否對黃茜主張，她對竹子有砍伐的權利？

依本法第66條第2項規定，不動產之出產物尚未分離者為該不動產之部分。土地上的竹子是土地的部分，張碧保留對竹子的砍伐權，僅對於受讓人陳玉有效力，陳玉再將土地賣給第三人黃茜後，張碧不能對黃茜主張她有砍伐的權利，當然也不能主張她對竹子有所有權。這也是他人間債權契約，不能對抗所有權的例子。

第767條 （所有權人之物上請求權）
所有人對於無權占有或侵奪其所有物者，得請求返還之。對於妨害其所有權者，得請求除去之。有妨害其所有權之虞者，得請求防止之。
前項規定，於所有權以外之物權，準用之。

解說

　　本條是規定所有權的保護。共分為三種：一是所有物的返還請求權。請求權人必須是所有權人，對方是無權占有人，而且仍在占有中。例如房東租屋給房客，租期到了房客未返還房屋，房東如果是所有權人，可根據本條請求房客遷讓房屋。第二種是保全所有權的請求權又稱妨害除去請求權。對方用占有以外的方式妨害所有權，所有權人得請求除去妨害，例如以詐欺、恐嚇或偽造文書方式，將所有權人的房地產過戶自己名下，所有權人可以請求塗銷登記。第三種是預防侵害請求權（又稱所有權妨害防止請求權）。侵害人對所有權造成妨害的可能，賦予所有權人此種權利，避免被侵害時難以彌補，例如建設公司蓋房屋，造成隔壁房屋龜裂，不必等到屋毀人亡，所有權人可以請求建設公司停止建築，或作適當的安全措施。

　　學者通說以為排除他人侵害之權利，不僅所有權有之，所有權以外之其他物權亦常具排他作用，因此增訂第2項準用之規定。

　　土地所有權人對於無權占有占用土地蓋屋，除了可訴請拆屋還地外，亦可請求不當得利。問題是，不當得利之時效，民法第179條規定是十五年，但被最高法院法官一變成為五年。最高法院49年台上字第1730號判例說：「終止租約後之賠償與其他無租賃關係之賠償，名稱雖與租金異，然實質上仍為使用土地之代價，不因契約終止或未成立而謂其時效計算有不同。」該惡判例導致無權占有公家機關、他人土地、房屋或其他財產，甚或占用頂樓、一樓法定空地（無分管契約）者，援用該判例後，頂多賠五年，且土地租金最高以申報地價年息10%為計算。占有人再笨也要三拖四拖，即使敗訴確定，也要

耍賴等執行完畢才甘心。何以至此？因為占有期間愈長，利益愈大，賠償所有人相當租金之損害少之又少，比諸市價相差甚遠，有的相差5倍、10倍，甚至百倍。再者，時效才五年，享受之利益無窮。若賠償額鉅大，也早已脫產了，一身光溜溜，「賠」談何容易？但大公司、公家機關占用民地，脫不了產，則另當別論。這種惡判例肇致無權占用者享盡利益，所有人吃虧到底，被占用五十年，只能請求五年之租金損害，屬不正不義之判例！早該廢了！包括這則惡判例所誕生的惡判例在內。

上則惡判例，民法權威王澤鑑教授（曾任大法官），早於79年所著不當得利乙書抨擊，他說在無權占有之侵權行為情形，當事人間無契約關係，實難要求債權人亦應按時收取租金，在價值判斷上顯然欠缺將民法第126條租金五年時效規定，類推適用於侵權行為損害賠償同一法律理由。無權占有之不當得利，相當於租金乃是原受利益性質不能返還時所計算之價額，不能以此項不當得利請求權標的為「相當於租金之利益」進而推論應依民法第126條規定計算五年時效，不當得利時效仍為十五年。司法院司法業務研究會亦認同無權占用土地依不當得利請求相當於租金之損害，其時效為十五年。

林文將房屋及土地賣給莊武，並且辦理過戶完畢，莊武付不出尾款200萬元，林文乃去函催告，莊武仍不付尾款，林文不得已解除買賣契約，並向法院起訴請求塗銷登記，是否有理？

莊武買受房屋，並辦理所有權移轉登記完畢，所有權人是莊武不是林文。林文解除買賣契約，林文與莊武間的所有權移轉物權契約並未解除，不受買賣契約被解除的影響，因此所有

權人仍是莊武。林文無法請求塗銷登記，只能依據本法第259條的規定，向莊武請求將房屋及土地移轉登記給林文。

陳炳賣土地及房屋給吳南，並辦理所有權移轉登記完畢，但未點交房屋，陳炳仍居住屋內，吳南能否起訴，陳炳無權占有，請求遷讓房屋？

土地及房屋移轉所有權，只是取得所有權，交付土地與房屋給買受人，買受人才能使用房屋。未交付前出賣人陳炳仍占有房屋使用，買受人吳南並無使用收益的權利，不能以陳炳無權占有請求遷讓房屋，但可以根據民法第348條的規定，請求陳炳交付房屋。

第768條（動產所有權之取得時效）
以所有之意思，十年間和平、公然、繼續占有他人之動產者，取得其所有權。

解說

時效制度的用意，在使動產所有權的狀態，有所確定，不至於久懸不決，不知所有權歸屬。因時效而取得動產所有權者，不必負不當得利返還義務，因為時效制度是法律規定，不發生不當得利問題。

主張以本條取得動產所有權者，須具備下列要件：
一、占有的事實：須對動產有管領的狀態，例如管領機車的事實狀態。

二、所有的意思：此種意思深藏內心，外人難以知悉，較諸占有的客觀狀態不同。本法第944條第1項規定，「占有人推定其為以所有之意思，善意、和平、公然及無過失占有。」對前述推定有異議者可提出證明推翻。

三、十年間和平占有：所謂和平，即非脅暴、強迫之下的占有都可說是和平占有。

四、公然占有：所謂公然即不是秘密的意思。

五、繼續占有：須有繼續占有之事實，此次修正增加繼續占有為動產所有權取得時效之要件，並將原規定五年修正為十年。

趙頭與林沖共有一匹馬，趙頭和平、公然、繼續占有該馬十年，趙頭可否主張時效取得該馬之所有權？

依大法官會議釋字第451號解釋，不論分別共有或公同共有，可依時效取得所有權。趙頭和平、公然、繼續十年占有共有之馬，仍屬占有他人之物。趙頭主張一開始占有時即有所有意思占有，且符合本條要件，可依時效取得該匹馬之所有權。

第768條之1（動產所有權取得時效之要件）
以所有之意思，五年間和平、公然、繼續占有他人之動產，而其占有之始為善意並無過失者，取得其所有權。

解說

為期動產所有權取得時效與不動產所有權取得時效之體例

一致，並期衡平，爰仿日本民法第162條、韓國民法第246條規定明定以所有之意思，五年間和平、公然、繼續占有他人之動產，而其占有之始為善意並無過失者，取得其所有權。

第768條不問占有者，占有開始是否善意、無過失，因此期間較長為十年。本條需占有之始為善意且無過失。占有人主張依五年時效取得所有權，須舉證符合本條之要件。因此，善意且無過失，亦需舉證。

第769條（不動產所有權取得之長期時效）
以所有之意思，二十年間和平、公然、繼續占有他人未登記之不動產者，得請求登記為所有人。

解說

本條在規定取得占有他人不動產的時效，原規定須和平、繼續占有，至於公然占有要件，則付諸闕如，學者通說以為占有他人之不動產不得以隱秘方式為之，必須公然占有，此次修正增列公然占有為不動產所有權取得時效之要件。在本法第770條的取得時效，必須占有的時候是善意且沒有過失，但本條沒有這樣規定。因此，即使占有人占有的時候有惡意（知道他人的不動產），或者雖然不知道他人的不動產，但是有過失（應知道而不知道），依據本條的規定，也可以請求登記為所有人，但占有期間需二十年，以取得平衡。

違章建築之房屋，因無法辦理登記，因此非時效取得之對象，無本條適用之餘地。

占有人占有他人的土地，並建屋使用，符合本條及第772

條要件，有地上權登記請求權，但是，未登記前，土地所有人可主張占有人是無權占有，請求拆屋還地，因占有人只是取得地上權登記請求權而已，未登記前尚不是地上權人，無占有的正當依據。

占有人依第772條準用第770條取得時效規定，請求登記為地上權人時，性質上無所謂登記義務人存在，無從以原所有人為被告，訴請命其協同辦理該項權利登記，僅能依土地法規定程序，向該管縣市地政機關而為聲請（最高法院68年台上字第3308號判例參照）。

實例一

谷道占有柯德的土地長達二十二年，並在土地上蓋房屋，該土地因是日據時代祖先留下來，並未辦理登記，谷道可否向法院訴請柯德准予地上權登記？

占有人的登記請求權對象是地政機關，不是所有人，因此，谷道應向地政機關聲請地上權登記，如向柯德起訴協同辦理地上權登記，將遭法院判決駁回。

實例二

何南占有徐北未經登記的土地達二十年，何南單獨向地政機關聲請所有權的登記，地政機關公告後，徐北提出異議，何南應如何處理？

根據土地法第59條第2項規定，徐北提出異議時，應由地政機關調處，何南不服調處時應於接到調處通知後十五日內向司法機關訴請處理，逾期不起訴者，依原調處結果辦理。

何南應如何起訴？第一種是請求確認何南對徐北有所有權

的登記請求權。第二種是請求法院判決徐北應容忍何南辦理所有權登記（最高法院77年台上字第2279號判決參照）。何南勝訴確定後再向地政機關聲請所有權登記。何南訴訟時需舉證符合本條所規定之要件。

第770條（不動產所有權取得之短期時效）
以所有之意思，十年間和平、公然、繼續占有他人未登記之不動產，而其占有之始為善意並無過失者，得請求登記為所有人。

解說

本條是規定占有人占有不動產的特別時效。占有人占有時必須善意且無過失，且須公然、繼續占有，才符合要件。所謂善意，並不是善良的意思，而是占有人確信占有的不動產是自己所有，而不知屬於他人所有。如果占有人占有他人的不動產，是侵權行為（例如竊占）或已登記之不動產，不但不能主張登記為所有人，反而，所有人可以根據侵權行為或不當得利的規定，請求返還，而且，所有人也可以告竊占的占有人竊占罪。

因時效取得所有權，其取得所有權乃基於法律之規定，屬有法律上之原因，不生不當得利或侵權行為損害賠償之問題。承租人對出租人負有返還租賃物之義務，難以想像承租人依時效取得所有權之情況。

第771條（取得時效之中斷）

占有人有下列情形之一者，其所有權之取得時效中斷：

一、變為不以所有之意思而占有。

二、變為非和平或非公然占有。

三、自行中止占有。

四、非基於自己之意思而喪失其占有。但依第九百四十九條或第九百六十二條規定，回復其占有者，不在此限。

依第七百六十七條規定起訴請求占有人返還占有物者，占有人之所有權取得時效亦因而中斷。

解說

　　本條是規定取得時效的中斷，占有人占有後，有不繼續占有（自行中止占有）或占有被他人侵奪或非公然、和平占有、非所有意思占有等情事，占有人已占有的期間無效；但是，占有雖被他人侵奪，而依本法第949條或第962條的規定，能回復占有時，占有人的占有並未喪失，此時時效不中斷，以前經過的期間有效。

　　本條係98年1月12日立法院通過修正之理由如下：

一、占有人以非和平或非公然之方式占有（即強暴占有、隱秘占有）者，是否為取得時效之中斷事由？學者均持肯定見解。而就占有之和平、公然為取得時效之要件言，亦宜作肯定解釋，爰將原規定「變為不以所有之意思而占有」移列為第1項第1款，並增列第2款「變為非和平或非公然占有」，俾求明確。又原規定時效中斷事由中所謂「占有為他人侵奪」，範圍過於狹隘，宜修正為「非基於自己之意

31

思而喪失其占有」，又因與原規定「自行中止占有」之性質相近，故分別列明為第3款及第4款。至原條文但書規定僅於非因己意喪失占有之情形始有適用，爰改列為第4款但書，免滋疑義。

二、占有人於占有狀態存續中，所有人如依第767條規定起訴請求返還占有物者，占有人之所有權取得時效是否中斷，現行法雖無明文，惟占有人之占有既成訟爭對象，顯已失其和平之性質，其取得時效自以中斷為宜，爰仿德國民法第941條及瑞士債務法第663條等規定，增訂第2項。

　　甲主張以所有之意思，二十年間和平、公然、繼續占有乙未登記之房屋（非違建），向法院訴請確認房屋所有權登記請求權存在之訴，訴訟中乙已登記房屋所有權完畢，問甲請求有無理由？

　　乙在訴訟中已將房屋登記完畢，甲主張時效取得之客體已變為已登記之不動產，不符合時效取得之要件，甲請求無理由。

第772條（所有權以外財產權取得時效之準用）
前五條之規定，於所有權以外財產權之取得，準用之。於已登記之不動產，亦同。

解說

　　占有人取得所有權以外的財產權，例如不動產役權與和平

繼續占有而取得所有權並無兩樣；因此，時效取得不動產役權或時效中斷，應與取得所有權的時效或中斷相同。

　　按原規定是否僅以於他人未登記之不動產為限，始得因時效而取得所有權以外之其他財產權，理論上非無疑義。最高法院60年台上字第4195號判例則認因時效取得地上權，不以他人未登記之土地為限，為杜爭議，爰於本條後段增訂對於已登記之不動產，亦得準用前五條之規定，因時效而取得所有權以外財產權。

　　占有人以建築物為目的占有他人之土地，如興建違章建築，可否主張時效取得地上權，依大法官會議釋字第291號解釋不以該建築物係合法為限，易言之，違章建築之占有人，如符合時效取得要件可主張時效取得地上權。

　　林義向王雄承租房屋，事隔十五年，林義主張他是本於所有意思占有房屋，訴請法院判決登記房屋為其所有，法院判決林義敗訴後，林義主張他是以行使地上權意思占有房屋，請求王雄協同辦理地上權登記，有無理由？

　　根據最高法院64年台上字第2552號判例指出，占有房屋係基於承租人之意思，而非基於行使地上權之意思，嗣後亦非有變為以地上權之意思而占有，自不能本於民法第772條準用第769條之規定，請求登記為地上權人。

　　占有是一種單純的事實，林義主張行使地上權，請求王雄協同辦理地上權登記，並無理由，因請求登記地上權時，並無所謂登記義務人存在，需以確認地上權登記請求權存在之訴進行訴訟。

第二節　不動產所有權

第773條（土地所有權之範圍）
土地所有權，除法令有限制外，於其行使有利益之範圍內，及於土地之上下。如他人之干涉，無礙其所有權之行使者，不得排除之。

解說

　　土地的所有權人，並不是漫無限制地可行使權利，須在法令的規範內，管領行使土地的權利，憲法第143條規定，土地所有權應受法律之保障與限制，本條的規定，與憲法規定相呼應。

　　土地所有人對土地的權利，原則上上達九天，下達地心，但不能妨礙公眾之利益，例如，阻礙航空器的穿越。同時，附著於土地之礦產、石油，土地所有權人不能主張為其所有。公用徵收土地時，土地所有權人，受補償外，不能以土地所有權為由拒絕被徵收，此為法令上的限制，也是所有權社會化的一面。

　　所謂他人之干涉無礙其所有權之行使，旨在規範所有權人防止權利濫用，至於有無妨礙所有權的行使，依一般社會通常人的觀念判斷，例如土地所有人以池塘養魚，鄰居之雞鴨至池塘戲水，有礙其所有權之行使，甚至造成魚兒被吞噬的損失，所有權人可以排除。又如候選人擺設的高空氣球，在土地所有權人土地的高空上搖擺，不至於造成不便，不能認為其有礙所有權的行使。

第774條（鄰地損害之防免）

土地所有人經營事業或行使其所有權，應注意防免鄰地之損害。

解說

按「工業」一語不足以涵蓋農、林、漁、礦、牧或服務業等事業在內，因此將「工業」修正為「事業」。

土地或建築物的相鄰關係至為重要，本法有關相鄰關係的規定，在調和利益、避免衝突，因合則兩利，不合則兩害，此為相鄰關係的最佳寫照。但是，民法相鄰關係的規定，並不是強制規定，相鄰的兩造訂立契約仍具有約束，必須遵守。

土地所有人經營工程或行使所有權，應盡社會的義務，注意防止造成鄰地的損害，不可犧牲鄰地造就工業。例如，經營化學工廠，應注意污水的處理及噪音之防範，以免鄰地受廢水污染成為不毛之地。鄰地受工業污水的污染，可依本法第184條的規定請求損害賠償。

實例

許慶在黎寶的芒果園旁蓋了一座磚窯，磚窯所吹出來的煙將芒果樹燻黑，黎寶的芒果樹收成減少七成，問黎寶可否向許慶請求賠償？

黎寶可舉證，以示許慶未蓋磚窯前，芒果出售的收入，與許慶蓋磚窯後，芒果收入減少，兩者之差額就是黎寶的損害賠償額。但如果有颱風或其他自然因素介入，則數額之計算變得複雜許多。許慶如果要免除賠償義務，須證明蓋磚窯時已盡了相當的義務，裝置設備防止煙霧彌漫。許慶未盡防止鄰地損害

的注意，依本法第184條第2項規定，推定許慶有過失，造成黎寶的損害當然要賠償。

第775條（自然排水承水義務）
土地所有人不得妨阻由鄰地自然流至之水。
自然流至之水為鄰地所必需者，土地所有人縱因其土地利用之必要，不得妨阻其全部。

解說

　　水是生命的泉源，假如沒有水，生活盡是問題。因此，本條規定土地所有人不能妨阻由鄰地自然流至之水。土地所有人有忍受之義務。但鄰地所有人之流水為土石流，有造成相鄰其他土地所有人或房屋所有人損害之虞，則土地所有人得依本法第767條請求防止，若已造成土石流之損害，可請求損害賠償。

第776條（破潰工作物之修繕疏通或預防）
土地因蓄水、排水或引水所設之工作物破潰、阻塞，致損害及於他人之土地或有致損害之虞者，土地所有人應以自己之費用，為必要之修繕、疏通或預防。但其費用之負擔，另有習慣者，從其習慣。

解說

　　土地因蓄水、排水或引水，而設置工作物（例如水壩、閘

欄、堤防、水圳、水管），這些工作物破損或阻塞（例如堤防潰裂），致損害他人的土地或農作物，或有造成損害之虞時，設置工作物的土地所有人，應該以自己的費用加以修繕、修補、疏通等。不問工作物是自然的耗損或人為的破壞，所有人均必須負責，鄰地所有人遭損害時，可請求賠償（參照本法第191條），並可請求工作物所有人修繕、疏通，但不得請求拆除工作物。

第777條（設置屋簷排水之限制）
土地所有人不得設置屋簷、工作物或其他設備，使雨水或其他液體直注於相鄰之不動產。

解說

　　鑑於社會發展快速，生活環境改變，土地間之相鄰關係，今非昔比，例如現代家居使用冷氣機排出之水滴，抽油煙機排出之油滴，直注於相鄰不動產之情形，間亦有之。原條文已無法滿足現代社會生活環境，爰增列屋簷、工作物以外之「其他設備」，土地所有人亦不得設置，使雨水或「其他液體」直注於相鄰之不動產，以期周延，並維相鄰關係之和諧。

　　如土地所有人排放油煙，鄰居得以本條之規定請求排除侵害，並得依本法第184條之規定請求損害賠償。

　　五樓房屋所有人，將污水、油滴侵入四樓房屋，四樓房屋所有人得以本條規定排除侵害。

第778條（土地所有人之疏水權）

水流如因事變在鄰地阻塞，土地所有人得以自己之費用，為必要疏通之工事。但鄰地所有人受有利益者，應按其受益之程度，負擔相當之費用。

前項費用之負擔，另有習慣者，從其習慣。

解說

　　原規定土地所有人得以自己之費用，為必要疏通之工事，惟如因疏通阻塞之水流，於鄰地所有人亦受利益時，為公平起見，於其受益之程度內，令負擔相當之費用。

　　所謂事變例如颱風、水災、地震等因素而阻塞，不包括人為因素。

第779條（土地所有人之過水權）

土地所有人因使浸水之地乾涸，或排泄家用或其他用水，以至河渠或溝道，得使其水通過鄰地。但應擇於鄰地損害最少之處所及方法為之。

前項情形，有通過權之人對於鄰地所受之損害，應支付償金。

前二項情形，法令另有規定或另有習慣者，從其規定或習慣。

第一項但書之情形，鄰地所有人有異議時，有通過權之人或異議人得請求法院以判決定之。

解說

本條僅係民法上一般性之規定。至於農工業用之水是否適合排放於河渠或溝道？是否造成污染等問題，乃涉及環境保護之範疇，法令另有規定或另有習慣者，自當從其規定或習慣。所稱「法令」，係指法律及基於法律規定得發布之命令而言。本編各條有相類之規定者，均同。

第1項有通過權之土地所有人固應於通過必要之範圍內，擇其鄰地損害最少之處所及方法為之。惟何者為「損害最少之處所及方法」，有時不易判定，宜於鄰地所有人有異議時，賦予有通過權之人及異議人均得請求法院以判決定之，爰仿德國民法第917條規定，於相關條文（本法第786條、第787條）增訂準用規定，以資簡明。至於地上權人、不動產役權人、承租人等利害關係人，於第800條之1定有準用規定，併予敘明。

第4項訴訟性質係屬形成之訴，對於何謂鄰地之「損害最少之處所及方法」，審理法院不受當事人聲明之拘束，得依職權認定之。惟若主張有通過權之人或異議人請求對特定之處所及方法確認其有無通過之權時，則非形成之訴，而為確認之訴，此際，法院即應受當事人聲明之拘束。又各該訴訟均以有通過權為其勝訴之前提要件，故訴訟中法院必須審酌主張有通過權人之土地是否符合第1項前段規定，乃屬當然。

第780條（過水工作物使用權）
土地所有人因使其土地之水通過，得使用鄰地所有人所設置之工作物。但應按其受益之程度，負擔該工作物設置及保存之費用。

解說

　　土地所有人為了疏水，得使用鄰地所有人所設置之工作場，例如水圳，但基於使用者付費原則，須支付該工作物設置及保存之費用，支付的金額按受益的程度計算，雙方對金額有爭執，得由法院判決確定之。

第781條（水流地之所有人之自由用水權）
水源地、井、溝渠及其他水流地之所有人得自由使用其水。但法令另有規定或另有習慣者，不在此限。

解說

　　現行規定水源地、井、溝渠及其他水流地之所有人，對水有自由使用權。惟現行法令有加以限制者，例如水利法施行細則第25條規定。為期周延並明確計，此次修正於但書增列「法令另有規定」之除外規定。

　　土地所有權，及於土地的上下，所以地上有水源井、溝渠及其他水流，所有權人都可以自由使用；但各地習慣不同，因此，有地方習慣者，以該習慣為主，此外，依本條的規定，水流所有人，可自由使用公共流水，也可設置必要的工作物，惟不得妨害他人的使用。例如將公共流水用水閘堵塞，乃妨害他人的權利。

第782條（用水權人之物上請求權）
水源地或井之所有人對於他人因工事杜絕、減少或污染其水

者，得請求損害賠償。如其水為飲用或利用土地所必要者，
並得請求回復原狀；其不能為全部回復者，仍應於可能範圍
內回復之。

前項情形，損害非因故意或過失所致，或被害人有過失者，
法院得減輕賠償金額或免除之。

解說

本條係98年1月12日立法院通過修正之理由如下：

一、「污穢」之定義如何？按水污染防治法第2條第5款對「水
污染」已有立法定義，其適用範圍較廣而明確，爰將「污
穢」修正為「污染」。又原條文係仿瑞士民法第706條及
第707條而訂，其立法原意為，水源及井水，凡為飲用水
或利用土地所必要者，「於可能範圍內」應回復原狀，其
究全部回復原狀或一部回復原狀，均視可能性決定，惟原
條文易予人以若不能「全部回復原狀」，則應改請求損害
賠償之誤解，為避免疑義，爰仿瑞士民法第706條及第707
條規定修正。

二、本條究採過失責任抑無過失責任？學者間見解不一。為期
周密保障水源地、井所有人之權益，本條宜採無過失責
任。惟若使加害人負全部損害賠償責任，似失諸過苛，爰
仿瑞士民法第706條第2項之立法體例，明定得由法院斟酌
情形，減輕或免除加害人之賠償金額，以求衡平。

因開挖土地營造房屋或蓋其他建築物，導致將土地所有人
的水源斷絕，或污染水源（如泥土將水流污染），加害人應依
侵權行為的規定（本法第184條），負擔損害賠償責任。而損
害賠償的方法，依照本法第213條規定，以回復原狀為原則，

如果無法回復原狀時，則以金錢賠償。

第783條（使用鄰地餘水權）
土地所有人因其家用或利用土地所必要，非以過鉅之費用及勞力不能得水者，得支付償金，對鄰地所有人請求給與有餘之水。

解說

　　鄰地所有人有剩餘之水，土地所有人在下列情形下得支付償金，請求「分一杯水」：

一、因家用或利用土地必要：例如飲水或家禽、家畜、池塘用水所必要。土地所有人不得要求鄰地所有人給與有餘之溫泉，因本條在保障水之使用分配，不包括溫泉在內。

二、以過鉅的費用及勞力始能得水者：例如，若不使用鄰地的水，須鋪管線到數公里外汲水，花費顯然過鉅。

　　本法的支付償金，相當於使用鄰地水的代價，此種支付償金與餘水之給付，有同時履行之關係。

第784條（變更水流權及其限制）
水流地對岸之土地屬於他人時，水流地所有人不得變更其水流或寬度。
兩岸之土地均屬於水流地所有人者，其所有人得變更其水流或寬度。但應留下游自然之水路。
前二項情形，法令另有規定或另有習慣者，從其規定或習慣。

解說

對岸土地屬於他人時，水流地所有人變更水流或寬度，引起水道變更或水位減低，不免有害對岸土地用水之方便，應予禁止。至兩岸土地均屬於水流地所有人者，其所有人固得保留下游自然之水道，而變更其水流或寬度。惟為顧及河道土質、河道形狀可能引發水患等因素，水利法第9條著有「變更水道或開鑿運河，應經中央主管機關核準」之規定。為期周延並明確計，爰將第3項修正為「前二項情形，法令另有規定或另有習慣者，從其規定或習慣」。

第785條（堰之設置與利用）

水流地所有人有設堰之必要者，得使其堰附著於對岸。但對於因此所生之損害，應支付償金。

對岸地所有人於水流地之一部屬於其所有者，得使用前項之堰。但應按其受益之程度，負擔該堰設置及保存之費用。

前二項情形，法令另有規定或另有習慣者，從其規定或習慣。

解說

水流地所有人如須設堰，雖對岸土地非其所有，亦應賦予設堰權。又對岸所有人，若水流地一部屬於其所有者，亦享有用堰權，以符經濟效益。惟設堰蓄水，事涉公共安全，依水利法第46條規定，經主管機關核準，得使其堰附著於對岸。為期周延並明確計，爰將第3項修正為「法令另有規定或另有習慣者，從其規定或習慣」。

　　水流地所有人，為了使用水，可設堰附著於對岸，對岸土地所有人有忍受義務，但造成的損害，設堰的所有人應支付償金，一則兼顧用水的目的，二則補償對岸地的損害。

第786條（線管安設權）
土地所有人非通過他人之土地，不能設置電線、水管、瓦斯管或其他管線，或雖能設置而需費過鉅者，得通過他人土地之上下而設置之。但應擇其損害最少之處所及方法為之，並應支付償金。
依前項之規定，設置電線、水管、瓦斯管或其他管線後，如情事有變更時，他土地所有人得請求變更其設置。
前項變更設置之費用，由土地所有人負擔。但法令另有規定或另有習慣者，從其規定或習慣。
第七百七十九條第四項規定，於第一項但書之情形準用之。

解說
　　土地所有人支付償金予鄰地所有人後，鄰地所有人將土地出售予他人，受讓人有忍受通過之義務。而鄰地所有人對於通行之處或方法是否損害最少，有異議時，雙方得請求法院判決。

第787條（土地所有人之通行權）
土地因與公路無適宜之聯絡，致不能為通常使用時，除因土地所有人之任意行為所生者外，土地所有人得通行周圍地以

至公路。

前項情形，有通行權人應於通行必要之範圍內，擇其周圍地損害最少之處所及方法為之；對於通行地因此所受之損害，並應支付償金。

第七百七十九條第四項規定，於前項情形準用之。

解說

本條係98年1月12日立法院通過修正之理由如下：

一、按鄰地通行權係為調和相鄰地關係所定，此項通行權乃就土地與公路無適宜之聯絡者而設。若該土地本與公路有適宜之聯絡，可為通常使用，竟因土地所有人之任意行為而阻斷，則其土地與公路無適宜之聯絡，致不能為通常使用者，應由土地所有人自己承受，自不能適用第1項有關必要通行權之規定，爰仿德國民法第918條第1項，增訂第1項除外規定，原但書規定移列於第2項並酌作文字修正。至於所謂任意行為（willkürliche Handlung），係指於土地通常使用情形下，因土地所有人自行排除或阻斷土地對公路之適宜聯絡而言，例如自行拆除橋樑或建築圍牆致使土地不能對外為適宜聯絡即是。惟土地之通常使用，係因法律之變更或其他客觀情事變更，致土地所有人須改變其通行者，則不屬之。

二、為確保土地所有人及鄰地所有人之權利，爰增訂第3項，使其得以準用第779條第4項，以資周延。又其準用範圍限於損害最少處所及方法有關之異議程序規定，不包括償金，併予指明。

本條所謂土地與公路無適宜的聯絡，依實務見解，不以土

地絕對不通公路為限，也不是指最捷徑的聯絡。例如土地雖通公路，但通行的公路係高山峻嶺，難以通行，如通行周圍平地聯絡平地公路較易通行，此時可主張通行權。

所謂通常使用，須按土地地目、地理位置、使用目的等客觀因素決定，例如工業區土地，為設置工廠，而通行他人土地，則需至少3公尺寬度的道路，以供卡車通行，盡工業使用的能事。但土地所有人任意行為而阻斷，則不能適用通行權之規定。

土地所有人符合本條規定，對他人土地享有通行權，須支付償金予鄰地所有人，不支付時，鄰地所有人可請求給付，金額如何計算本條無明文規定，仍應參酌土地之價值及使用等客觀因素計算，有爭議時，可訴請法院判決。

鄰地所有人對土地所有人主張的通行權有異議時，土地所有人可訴請法院確認通行權存在，並請求鄰地所有人容忍通行。

土地所有人行使通行權，應在通常觀念必要程度內通行，不可濫用權利，藉機侵害鄰地所有人權利，而且須選擇周圍地損害最少的地方及方法。通行權人依本條規定，原則上不可開設道路，有必要時始可開設道路，例如住宅區內土地，為了建屋的必要，通行他人土地，由於建築法令的規定及事實需要，須有若干公尺的道路，土地所有人得開設道路通行他人土地。

通行的方法不勝枚舉，例如挖地下道、纜車、升降機、道路、水路等。

所謂損害最少的處所及方法，以客觀狀態判斷，例如鄰地一面靠交通大道，一面靠小馬路，土地所有人主張通行鄰地聯絡交通大道，以客觀情形判斷，即使通行的面積較少，但對鄰

地造成的損害超過通行另處聯絡小馬路，於此情形僅得通行該
他處聯絡小路，以調和兩造的利益。

張三對鄰地王五主張通行權，王五異議，張三提鄰地通行
權訴訟勝訴確定，問張三可否在道路旁設廣告招牌？

通行權訴訟為形成訴訟，對於何處或方法損害最少，法院
不受聲明之拘束，法院判決開設道路之寬度、長度及位置，未
准予張三設置廣告招牌，張三擅自廣告招牌非通行權之範圍，
王五無容忍之義務，可訴請拆除。

第788條（開路通行權）
有通行權人於必要時，得開設道路。但對於通行地因此所受
之損害，應支付償金。
前項情形，如致通行地損害過鉅者，通行地所有人得請求有
通行權人以相當之價額購買通行地及因此形成之畸零地，其
價額由當事人協議定之；不能協議者，得請求法院以判決定
之。

解說
土地所有人行使其通行權，開設道路，如致通行地損害過
鉅者，應許通行地所有人得請求有通行權人以相當之價額購買
通行地及因此形成之畸零地，俾求公平並維持不動產相鄰關係
之和諧。雙方是否買賣土地及其價額，由當事人協議定之，不
能協議者，得請求法院以判決定之。

通行權人原則上不得開設道路通過鄰地，但是必要時得開設道路，且須支付償金，應選擇損害最少的處所及方法。償金的計算，一般是按土地所有權人受損害的程度認定，不以地租陸續請求為標準，通常以一次支付較省事，通行權人與土地所有權人對償金之金額有爭議或可否開設道路有爭執，可訴請法院判決。

第789條（通行權之限制）
因土地一部之讓與或分割，而與公路無適宜之聯絡，致不能為通常使用者，土地所有人因至公路，僅得通行受讓人或讓與人或他分割人之所有地。數宗土地同屬於一人所有，讓與其一部或同時分別讓與數人，而與公路無適宜之聯絡，致不能為通常使用者，亦同。
前項情形，有通行權人，無須支付償金。

解說

本條係98年1月12日立法院通過修正之理由：數宗土地同屬於一人所有，而讓與其一部（包括其中一宗或數宗或一宗之一部分）或同時分別讓與數人，而與公路無適宜之聯絡，致不能為通常使用者，土地所有人因至公路，亦僅得通過該讓與之土地，以貫徹本條立法精神，爰仿德國民法第918條第2項後段規定，僅修正第1項規定。又所謂「同屬一人」非指狹義之一人，其涵義包括相同數人，併予指明。

因土地所有人自己任意行為造成無適宜聯絡的公路聯絡時，鄰地所有人沒有忍受土地所有人通行義務。同理，土地因

一部分的轉讓或分割，導致不通公路，土地所有人早有預見，或許買受這樣的土地較便宜。而出售土地或分割土地的所有人，當時也有預見受託人不能對外聯絡公路，因此，不容許受讓人或其他分割者再通行鄰地他人土地，僅可通行讓與人或他分割人的土地。若出售一部分土地後，造成自己無法通行，出售土地的所有人也僅能通行受讓人的土地，不得通行他人土地。一人有數宗土地，讓與一部或同時分別讓與數人，致與公路無適宜之聯絡致不能通常使用者，亦不得主張通行地之通行權。本條的規定堪以「解鈴還需繫鈴人」來形容。

土地分割或一部分讓與，導致無路可走，須通行受讓人或讓與人或他分割人土地，此種情形均在當時估算之中，買賣價格也有所影響，因此，有通行權人，不必再多支付償金予土地所有人。

土地之分割若係經由法院判決分割，致不能聯絡道路，此非共有人所能預見，因此，可主張通行權。若共有人協議分管結果，導致部分分管之土地不能與道路相通，亦得通行其他分管人之土地、聯絡道路。有異議，得訴請法院判決。

第790條（禁止侵入通行與樵牧之原則與例外）

土地所有人得禁止他人侵入其地內。但有下列情形之一，不在此限：

一、他人有通行權者。

二、依地方習慣，任他人入其未設圍障之田地、牧場、山林刈取雜草，採取枯枝枯幹，或採集野生物，或放牧牲畜者。

解說

　　土地的所有人，得禁止他人入其地內，以維持所有權的安全，但他人有通行權或依地方習慣或特別規定，他人得入其地內者，不得禁止，以免違背公益。所謂圍障，指牆垣籬笆，或其他因禁止侵入所設圍繞土地之物。

　　行政機關除法律有特別規定外，不得准許他人侵入土地所有權人之土地。

第791條（尋查取回物侵入之容許）
土地所有人遇他人之物品或動物偶至其地內者，應許該物品或動物之占有人或所有人入其地內，尋查取回。
前項情形，土地所有人受有損害者，得請求賠償。於未受賠償前，得留置其物品或動物。

解說

　　本條規定遺失物品或動物者的尋查取回權及土地所有人的容忍義務。例如鴿子飛到他人土地，土地所有人應容忍鴿主尋回，如果土地所有人也飼養一群鴿子，鄰家的鴿子飛進來，發生混淆無法分辨時，由土地所有人取得鴿子的所有權，鄰家再依本法第816條請求償金。如果鄰家鴿子飛進別人房屋內，可否進入房屋搜索？依本條規定，鄰家鴿主無此權利，只能期待鴿子聰明地飛回來。

　　鄰家鴿子飛進別人土地時，土地所有權人未必受損，如土地所有權人認為受損，須舉證證明並依侵權行為規定請求賠償，未受賠償以前，土地所有人可留置鴿子。

第792條（鄰地使用權）
土地所有人因鄰地所有人在其地界或近旁，營造或修繕建築物或其他工作物有使用其土地之必要，應許鄰地所有人使用其土地。但因而受損害者，得請求償金。

解說

　　土地所有人在其疆界或旁邊營造修繕建築物時，應准許使用鄰地，否則應於疆界上酌留空地，備日後修繕之用，但留地作修繕用對經濟上損失太大，因此限制鄰地所有權，准許土地所有人使用土地。所謂使用鄰地土地，並不是將建物蓋在鄰地上，而是為了營建或修繕建築物，例如整修房屋屋頂、牆壁或蓋房屋，不得不行經鄰地上，鄰地所有人有容忍的義務。本條所規範的是，土地所有人使用鄰地的土地，不包括建築物，因此，除非經所有人的同意，不得將鄰地的空屋當自己的工寮使用。所稱其他工作物，例如圍牆等。

　　鄰地土地所有人，如因土地所有人使用土地而受損，可請求賠償，例如土地所有人為建屋而放置鋼筋、水泥，鄰地所有人無法使用該土地，可請求相當於租金的損害。而租金之計算標準可參照土地法第97條土地申報總價年息10%之規定。

第793條（氣響侵入之禁止）
土地所有人於他人之土地、建築物或其他工作物有瓦斯、蒸氣、臭氣、煙氣、熱氣、灰屑、喧囂、振動及其他與此相類者侵入時，得禁止之。但其侵入輕微，或按土地形狀、地方習慣，認為相當者，不在此限。

解說

　　按本條有關氣響侵入致影響相鄰關係者，除來自土地外，常有來自相鄰之建築物或其他工作物者，是否亦在本條禁止之列？此次修正明定「建築物或其他工作物」有氣響侵入時，亦得禁止之規定。

　　土地所有人設立工廠，排出的污染包括瓦斯、蒸氣、臭氣、煙氣、熱氣、灰屑、喧囂、振動、聲光等損及鄰地的所有人，鄰地所有人有禁止該類污染進入的權利。條文所指的五氣及灰屑、喧囂、振動只是例子而已，其他類似的污染，鄰地所有人也可以請求排除。

　　有下述三種情形時，鄰地所有人須忍受，不得訴請排除：一、侵入屬輕微，是否輕微依社會通常的觀念判斷，難有一具體標準；二、按土地形狀相當；三、按地方習慣相當。

　　環境保護是新世紀的重要課題，「如果我們贏了全世界，卻又失去了地球」，則我們的奮鬥有何意義？經濟發展伴隨而來的環境污染，只有仰賴政府、企業主及民眾攜手共同解決。本條的規定僅能消極地解決問題，其他預防公害或污染的法令，才是預防公害的根本大法。

　　鄰地所有人因土地所有人氣響的侵入而受損，得請求損害賠償，鄰地所有人出租土地予他人，他人蓋廠房而污染鄰地，鄰地所有人可向廠家請求賠償，不過，要舉證證明污染與損害的因果關係及賠償金額，並非容易的事情。

第794條（開掘土地或建築危險發生之預防）
土地所有人開掘土地或為建築時，不得因此使鄰地之地基動搖或發生危險，或使鄰地之建築物或其他工作物受其損害。

解說

按工作物是否包括建築物在內？此次修正明定「建築物或其他工作物」均為本條保護之客體。

土地所有人開掘土地或為建築時，不得因此使鄰地的地基搖動，或發生危險，或使鄰地的工作物受損害，以維持社會的公共利益，違反本條規定者，推定有過失，應負侵權行為損害賠償責任。此外，定作人在定作或指示有過失時，對於承攬人執行承攬事項所致的損害，應負賠償責任。

第795條（建築物或工作物傾倒危險之預防）
建築物或其他工作物之全部或一部有傾倒之危險，致鄰地有受損害之虞者，鄰地所有人得請求為必要之預防。

解說

建築物或其他工作物的一部或全部，如有損壞，或年久失修，致有傾倒的危險，有累及鄰地之虞，鄰地所有人可就有傾倒危險之建物或工作物，請求所有人為必要的預防措施，避免釀成危險。本條所謂的預防義務人指建物或工作物所有人，而不是土地所有人，如果二者的所有人相同時不成問題。鄰地所有人請求建物所有人預防危險，不以危險已產生為必要，不必等房屋傾倒才請求預防，何況房屋已倒無從預防，因此，在客觀上建物或工作物歪斜或有掉落的危險即可請求為防範措施，至於危險的造成是人為因素（例如在鐵塔地基下挖洞致傾斜）或自然因素（如颱風吹斜房屋），都可請求。

第796條（越界建築之效力）

土地所有人建築房屋非因故意或重大過失逾越地界者，鄰地所有人如知其越界而不即提出異議，不得請求移去或變更其房屋。但土地所有人對於鄰地因此所受之損害，應支付償金。

前項情形，鄰地所有人得請求土地所有人，以相當之價額購買越界部分之土地及因此形成之畸零地，其價額由當事人協議定之；不能協議者，得請求法院以判決定之。

解說

　　本條係98年1月12日立法院通過修正之理由如下：

一、原條文規定對越界建築者，主觀上不區分其有無故意或重大過失，一律加以保護，有欠公允，爰仿德國民法第912條、瑞士民法第674條之立法體例，於第1項增列「非因故意或重大過失」越界建築者，始加以保障，以示平允。所稱「房屋」應包括建築完成及未完成者在內。房屋以外之建築物無本條適用之餘地。如房屋全部蓋在他人土地上，亦非越界，而係無權占有。

二、至因越界建築，鄰地所有人因此所受之損害，土地所有人應支付償金，如使鄰地所有人之土地成為畸零地者，該畸零地每不堪使用，亦應賦予鄰地所有人請求土地所有人購買權，以符實際，將原條文但書規定酌予修正並增訂第2項規定。又本條規定不排除債法上不當得利請求權及侵權行為請求權。易言之，得合併起訴請求，為請求權之競合。

　　土地所有人對鄰地所有人主張，知道越界未提出異議，

應負舉證責任，如係鄰地前手知悉，應證明前手知悉越界未異議。如土地所有人故意或重大過失而越界，無保護之必要，無本條之適用。越界之人應證明自己無故意或重大過失。

呂全的土地A與周財土地B相鄰，兩人為了建屋便利起見，約定將地界不規則部分截彎取直，而互相越界建屋，然均經雙方同意，越界土地部分仍維持原所有人名義，未辦理移轉登記。呂全將A地及房屋賣給楊雄，楊雄請求法院拆除周財越界的房屋，並交還土地是否有理？

呂全將A土地與周財的B土地交換使用，是有代價的，並不是無償行為（例如贈與），因此交換土地使用並不是使用借貸。此外，呂全與周財就使用對方土地部分未辦理所有權的移轉登記，所以，也不是互易行為。因此，交換土地使用應是互為租賃關係，依本法第425條規定，出租人於租賃物交付後，縱將其所有權讓與第三人，其租賃契約對於受讓人仍繼續存在並無消失。根據這條規定，周財房屋占有呂全的土地越界部分是租賃關係，呂全將土地的所有權讓與第三人楊雄，周財對呂全的租賃關係，轉由周財對楊雄的租賃關係，楊雄起訴周財拆屋還地是沒有理由的，楊雄起訴周財對自己也不利，因為周財也可以相同的理由，認為楊雄無權占有越界部分的土地。

第796條之1（越界建築之效力）
土地所有人建築房屋逾越地界，鄰地所有人請求移去或變更時，法院得斟酌公共利益及當事人利益，免為全部或一部之

移去或變更。但土地所有人故意逾越地界者，不適用之。

前條第一項但書及第二項規定，於前項情形準用之。

解說

對於不符合第796條規定者，鄰地所有人得請求移去或變更逾越地界之房屋。然有時難免對社會經濟及當事人之利益造成重大損害。為示平允，宜賦予法院裁量權，爰參酌最高法院67年台上字第800號判例，由法院斟酌公共利益及當事人之利益，例如參酌都市計畫法第39條規定，考慮逾越地界與鄰地法定空地之比率、容積率等情形，免為全部或一部之移去或變更，以顧及社會整體經濟利益，並兼顧雙方當事人之權益。但土地所有人故意逾越地界者，不適用上開規定，始為公平。

土地所有人如因法院之判決，免為全部或一部房屋之移去或變更者，為示平允，宜許鄰地所有人對於越界部分之土地及因此形成之畸零地，得以相當之價格請求土地所有人購買，如有損害，並得請求賠償。

土地所有人越界建築時，鄰地所有人除異議外，可以先位聲明訴請越界部分拆除，以備位聲明請求相當價格購買越界部分之土地。

第796條之2 （越界建築之準用）

前二條規定，於具有與房屋價值相當之其他建築物準用之。

解說

房屋以外建築物之價值亦有超越房屋情事，事所恆有。如

對該等建築物之越界建築一律不予保障，亦有害於社會經濟。惟建築物之種類甚多，如一律加以保障，亦將侵害鄰地所有人之權益，故權衡輕重，以具有與房屋價值相當之其他建築物，例如倉庫、立體停車場等是，始得準用前二條之規定，以期周延。如果不是建築物，則無準用之餘地。

第797條（越界植物根枝之割除權）

土地所有人遇鄰地植物之枝根逾越地界者，得向植物所有人，請求於相當期間內刈除之。

植物所有人不於前項期間內刈除者，土地所有人得刈取越界之枝根，並得請求償還因此所生之費用。

越界植物之枝根，如於土地之利用無妨害者，不適用前二項之規定。

解說

在往昔農業社會，土地所有人刈取越界之枝根，具有經濟上之價值，可為利用，以補償其刈除之勞力及費用。惟今日社會變遷，刈除枝根可利用之經濟價值減低，或需僱工搬運，將造成負擔，於第2項增列「並得請求償還因此所生之費用」，以符實際，並期平允。

鄰地植物的枝根，逾越疆界，妨害別人土地的利用，土地所有人可用簡單的方法處理，而簡易的方法即賦予土地所有人刈除權，以確保所有權，但是，在刈除以前，土地所有人應向鄰地所有人反應，請鄰地所有人在一定期間內刈除越界的枝根，如不刈除，土地所有人才可刈除。避免土地所有人先下手

為強,剝奪鄰地所有人自行處理的機會。土地所有人行使刈取權,鄰地植物所有人有容忍義務,且刈取權毋需訴訟或強制執行。

如鄰地種竹筍,幼筍在土地所有人土地上冒出,依本法第66條第2項規定,屬於土地所有人所有,非鄰地所有人所有,不生越界刈除之問題。

第798條(果實自落鄰地之獲得權)
果實自落於鄰地者,視為屬於鄰地所有人。但鄰地為公用地者,不在此限。

解說

本條鄰地所有人,為權利之主體。

所謂「自落」即指不是人力造成的,例如刮風、下雨將果實打落到鄰地,此時果實的所有權屬於鄰地的,不生侵權行為或不當得利問題。如果是人力造成,例如鄰地所有人搖樹,致果實落鄰地,不適用本條,果實所有權仍屬於果樹所有人。如係果樹所有人或第三人搖樹,致果實落鄰地,視為鄰地所有。

果實自然地掉落到私有地,為鄰地土地所有人取得果實的所有權,如果鄰地是公有地,則果實的所有權仍然歸果樹所有人所有,果樹所有人可取回。

第799條(建築物之區分所有之範圍)
稱區分所有建築物者,謂數人區分一建築物而各專有其一

部，就專有部分有單獨所有權，並就該建築物及其附屬物之
共同部分共有之建築物。

前項專有部分，指區分所有建築物在構造上及使用上可獨
立，且得單獨為所有權之標的者。共有部分，指區分所有建
築物專有部分以外之其他部分及不屬於專有部分之附屬物。

專有部分得經其所有人之同意，依規約之約定供區分所有建
築物之所有人共同使用；共有部分除法律另有規定外，得經
規約之約定供區分所有建築物之特定所有人使用。

區分所有人就區分所有建築物共有部分及基地之應有部分，
依其專有部分面積與專有部分總面積之比例定之。但另有約
定者，從其約定。

專有部分與其所屬之共有部分及其基地之權利，不得分離而
為移轉或設定負擔。

解說

　　本條係98年1月12日立法院通過修正之理由如下：

一、按公寓大廈管理條例第1條之立法目的係為加強公寓大廈
　　之管理維護，提升居住品質，該條例原係為行政機關基於
　　管理之目的所制定，其規範重點在住戶之權利義務、管理
　　組織及管理服務人等，與民法重在建築物各住戶所有權之
　　物權關係有異。又以區分所有建築物之一部為客體之區分
　　所有權乃所有權之特殊型態，民法應設有原則性規範，俾
　　建立所有權制度之完整體系。民法與行政法規兩者於性
　　質、規範範圍及功能有其不同，應屬私法與公法之協力關
　　係，此種雙軌規範體系之建構，應能有效率規範和諧之社
　　會生活，並滿足其不同制定目的之需求。

二、所謂區分所有建築者，必數人區分一建築物，各有其專有部分，始足當之，為明確計，爰將原條文前段「各有其一部」之規定修正列為第1項「各專有其一部」規定，明定就該部分有單獨所有權，且就該建築物及其附屬物之共同部分為共有。又本條所稱「就專有部分有單獨所有權」者，係指對於該專有部分有單一之所有權而言，與該單獨所有權係一人所有或數人共有者無關。原條文後段規定移列第799條之1。

三、第1項所定區分建築物之專有部分與共有部分，宜以明文規定其範圍，俾杜爭議，爰增訂第2項。得為區分所有權客體之專有部分，除須具有使用之獨立性外，並以具有構造上之獨立性為必要（王澤鑑，民法物權第一冊，第255、282頁，2001年出版；溫豐文，區分所有權—民法物權編修正草案之評析，台灣本土法學雜誌第90期，第119至132頁；最高法院89年度台上字第1377號、93年度台上字第2063號、94年度台上字第1636號民事判決；日本建物區分所有法第1條參照），爰就此予以明定，以符物權客體獨立性之原則。至建築物經區分之特定部分是否具備構造上之獨立性，其需求嚴密之程度因客體用途之不同而有差異，隨著未來建築技術之發展，與社會生活之演變亦有寬嚴之不同，併予指明。

四、區分建築物之專有部分經其所有人同意後，得依規約約定共同使用，共有部分亦得依規約約定由特定所有人使用，俾符物盡其用之旨。惟如其他法律對於共有部分之約定使用有特別規定者，應從其規定。

五、關於區分所有建築物之共有部分及基地，各區分所有人應

　　有部分比例究為若干，應有原則性之規範，爰於第4項予以明定，俾供遵循。

六、專有部分與其所屬對應之共有部分應有部分及其基地之權利，有不可分離之關係，規定不得分離而為移轉或設定其他負擔。至於所屬之共有部分，僅指區分所有建築物之專有部分所配屬之共有部分，例如游泳池、網球場等公共設施，併予敘明。

　　所謂數人區分一建築物，例如甲乙丙分別擁有一至三樓的房屋所有權，又如第三樓房屋分隔四間，每一間均有一間的所有權。建築物區分所有在公寓大廈最常見，理論上基於一物一權主義，一建築物的一部分不可為所有權的客體，但是因應社會的需要，將一建築物區分若干部分，不管縱的區分或橫的區分，乃現代社會常見的事，因此，本條為調和社會經濟觀念，例外規定，由數人區分建築物，各有該部分的所有權。

　　本條所指建築物及附屬物的共同部分，例如大門、屋頂平台、地基、地下室、走廊、太平梯、樓梯、共同隔壁、水井、消防設備、儲水塔、水管、屋頂突出物、騎樓、車道、機械房、化糞池、防火梯及性質上不許分割為獨立部分而言，這些部分推定為各區分所有人共有，修繕費及其他負擔，按所有建物的價值分擔。

　　公寓公共設施依本條規定，為區分所有人所共有，區分所有部分與共有部分，具有同一的經濟目的，不得請求分割，不得與區分所有專有部分分離處分，共有部分屬於區分所有專有部分的從物，不待登記，當然為抵押權效力所及。大法官會議釋字第358號解釋，認為區分所有建築物的共同使用部分的所有權，應於各相關區分所有建築物移轉所有權時，隨同移轉一

人，不得分割，而太平梯、車道、騎樓為建築物一部分，不得分割登記。

第799條之 1（規約之效力）
區分所有建築物共有部分之修繕費及其他負擔，由各所有人按其應有部分分擔之。但規約另有約定者，不在此限。
前項規定，於專有部分經依前條第三項之約定供區分所有建築物之所有人共同使用者，準用之。
規約之內容依區分所有建築物之專有部分、共有部分及其基地之位置、面積、使用目的、利用狀況、區分所有人已否支付對價及其他情事，按其情形顯失公平者，不同意之區分所有人得於規約成立後三個月內，請求法院撤銷之。
區分所有人間依規約所生之權利義務，繼受人應受拘束；其依其他約定所生之權利義務，特定繼受人對於約定之內容明知或可得而知者，亦同。

解說

按區分所有建築物共有部分之修繕費及其他負擔，立法例上有「按其所有部分之價值」定之者，亦有依應有部分比例定之者，我國因缺乏如奧地利住宅法由法院鑑定專有部分價值之制度，本法第799條後段規定形同具文，為期簡便易行，爰仿本法第822條修正為原則上由各所有人按其應有部分分擔之，但規約另有約定者，不在此限，俾簡易可行，並維彈性。

區分所有建築物之專有部分經約定供區分所有建築物之所有人共同使用者，該專有部分之修繕費及其他負擔應如何分

擔，明定如上。

　　規約之約定對特定之區分所有人若有顯失公平之情事者，宜有救濟之途徑。又規約之約定是否有顯失公平情事，須就各項具體因素及其他相關情形綜合予以斟酌，以為判斷之準據。至所謂不同意之區分所有人包括自始未同意該規約約定或未參與其訂定者在內。

　　區分所有建築物之各區分所有人因各專有該建築物之一部或共同居住其內，已形成一共同團體。而規約乃係由區分所有人團體運作所生，旨在規範區分所有人相互間關於區分所有建築物及其基地之管理、使用等事項，以增進共同利益，確保良好生活環境為目的，故區分所有人及其繼受人就規約所生之權利義務，依團體法法理，無論知悉或同意與否，均應受其拘束，方足以維持區分所有人間所形成團體秩序之安定。至區分所有人依其他約定所生之權利義務，其繼承人固應承受，但因非由團體運作所生，基於交易安全之保護，特定繼受人僅以明知或可得而知者為限，始受其拘束。又所謂繼受人包括概括繼受與因法律行為而受讓標的之特定繼受人在內；區分所有人依法令所生之權利義務，繼受人應受拘束乃屬當然，無待明文，均併予指明。

　　皇冠大廈的規約規定，本大廈不得經營酒店、酒家。二樓所有權人林五將該屋售予趙六，趙六不滿該規約之規定，欲經營酒店，是否應受規約之拘束？

　　林五如在規約成立後三個月內將房屋售予趙六，趙六在本條規定三個月內請求法院撤銷，有無理由，由法院綜合本條規

定之情形是否顯失公平予以裁判。若林五在規約三個月後，甚至已多年始出售房屋予趙六，趙六無法請求撤銷規約。

趙六係受讓二樓房屋之繼受人，依本條第4項規定，該規約之權利義務，繼受人應受拘束，不得主張規約訂定時其不在場，或當時非所有權人，而否定規約之效力。

第799條之2（同一建築物所有人之準用規定）
同一建築物屬於同一人所有，經區分為數專有部分登記所有權者，準用第七百九十九條規定。

解說

同一建築物屬於同一人所有，經區分為數專有部分登記所有權者，其使用情形與數人區分一建築物者相同，均有專有部分與共有部分。其中一部轉讓他人時，即生應否與其共有部分、基地相關之應有部分一併讓與等問題，爰明定準用第799條規定，俾杜爭議。

基此規定，若張五擁有一棟五樓房屋，張五將三樓賣給王毛，該大樓雖只有張五、王毛二個所有權人，相關區分所有權範圍亦準用第799條之規定。

第800條（他人正中宅門之使用）
第七百九十九條情形，其專有部分之所有人，有使用他專有部分所有人正中宅門之必要者，得使用之。但另有特約或另有習慣者，從其特約或習慣。
因前項使用，致他專有部分之所有人受損害者，應支付償金。

解說

　　所稱第799條情形，是指數人區分一建築物而各有其一部之情形而言。樓房分層所有，正中宅門雖不是共同部分，仍然有本條的適用。所謂「使用他專有部分所有人正中宅門之必要」，指按客觀事實有使用必要而言，非使用無法通行者也包括在內，例如婚喪喜慶，即有使用正中宅門的必要。正中宅門指房屋的正門。如某甲住地下室，有二處出口可通達戶外，其中一出口接通他人的正中宅門，則甲僅能通行另一處出口，因甲已有獨立的出入門戶，並無必要再使用另一處出口通行他人正中宅門。

　　正中宅門不屬於共有，他人使用而導致他專有部分所有人受損時，使用人應支付償金，償金的計算可以租金作標準。

第800條之1（準用之規定）

第七百七十四條至前條規定，於地上權人、農育權人、不動產役權人、典權人、承租人、其他土地、建築物或其他工作物利用人準用之。

解說

　　為調和相鄰關係之利用與衝突，第774條至前條相鄰關係規定不僅規範相鄰土地所有人間，即地上權人、農育權人、不動產役權人、典權人、承租人、其他土地、建築物或其他工作物利用人間，亦宜準用，以符民法規範相鄰關係之宗旨，並期立法之精簡。至於建築所有人為土地之利用人，當然有本條之適用。又本條所謂「準用」，係指於性質不相牴觸之範圍內，

始得準用，故何種情形可以準用，應依具體個案分別認定之。

第三節　動產所有權

第801條（動產所有權之善意取得）
動產之受讓人占有動產，而受關於占有規定之保護者，縱讓與人無移轉所有權之權利，受讓人仍取得其所有權。

解說

　　善意取得的制度在於保護動產交易的安全，使第三人不因出讓人沒有處分權利，而遭受損失，本條善意取得的要件如下：

一、**出讓人沒有處分的權利**：所謂沒有處分的權利，指非所有人或未經授權的人，或法律上沒有處分權的人。如出讓人已有處分的權利，不產生本條善意取得的問題。

二、**處分的對象是動產**：不動產以登記表彰權利的歸屬，動產則以占有表彰權利歸屬。所謂動產指不動產以外的財產，包括金錢、支票、汽車……等均是。

三、**受讓人善意受讓動產**：所謂受讓，簡單講就是讓與人與受讓人間有交易行為，例如買賣、贈與、互易等。受讓人善意，指他不知道讓與人並沒有權利，只憑讓與人有占有的事實，誤信他有處分權，就跟他買受動產。例如某乙偷來戒指，某甲聽信乙的甜言蜜語，以為乙因周轉不靈要出售戒指以求現金，而買下戒指並經交付，甲善意取得該戒指的所有權。如甲和乙只是約定好價金，或甲交付價金給乙，乙尚未將戒指交給甲，因戒指的所有權還沒有移轉，

甲無法善意取得所有權。

受讓人善意取得動產所有權，原所有人（例如失主）無法向受讓人主張任何權利。但可依侵權行為及不當得利之規定請求讓與人返還利益或賠償損害。

林春不知王夏偷了汽車，而向王夏買下汽車，雙方已付清價金並點交汽車，但未到監理站辦理過戶手續。趙冬為該輛汽車的失主，他向法院起訴請求林春返還汽車，有無理由？

汽車是動產，所有權的移轉因交付（本法第761條）而生效力。監理機關的過戶（登記）手續，只是行政上的管理措施，並不是確定私權的移轉行為。因此，林春在不知情的情形下，買下王夏偷來的汽車，既然經過交付，則林春取得所有權，趙冬起訴林春返還汽車是沒有理由的。但在兩種情形下，林春可能犯下贓物罪，車子會被失主開回去，一是林春明白王夏的汽車是偷來的，二是汽車的價格顯然偏低，例如以汽車出廠年份、品牌、里程表等判斷，該汽車不只價值30萬元，應該價值100萬元，林春可推而得知該汽車是偷來的，否則王夏不會以30萬元低價變賣，卻仍與之交易。上述二種情形，林春是明知贓車故買或可得而知贓車而故買，均成立贓物罪，且不受本條善意取得的保護。

第802條（無主動產之先占）
以所有之意思，占有無主之動產者，除法令另有規定外，取得其所有權。

解說

　　所稱「除法令另有規定外」，如野生動物保育法第16條、文化資產保存法第83條等規定。

　　古代社會有「先占的先贏」的概念。我國法律規定先占的對象限於無主的動產（不動產）。先占的要件如下：

一、以所有之意思占有：占有而取得所有權，不是法律行為而是事實行為，只要有意識，不管是否已成年，可以因先占而享有所有權。

二、須無主的動產：占有人占有時該動產必須不屬於任何人的，不管過去曾經歸屬何人。例如阿義將烏龜刻上自己姓名放生，烏龜被阿德捕獲，阿德占有無主的烏龜，取得所有權。

三、須法令未限制取得所有權者：上開野生動物保育法及文化資產保存法，有限制取得所有權，縱使占有人占有上開動物或文物，亦無法以無主物之先占取得所有權。

第803條（拾得遺失物之揭示報告義務）

拾得遺失物者應從速通知遺失人、所有人、其他有受領權之人或報告警察、自治機關。報告時，應將其物一併交存。但於機關、學校、團體或其他公共場所拾得者，亦得報告於各該場所之管理機關、團體或其負責人、管理人，並將其物交存。

前項受報告者，應從速於遺失物拾得地或其他適當處所，以公告、廣播或其他適當方法招領之。

解說

本條係98年1月12日立法院通過修正之理由如下：

一、原條文改列第1項，並酌作文字修正：

（一）拾得人有通知義務，「通知」之對象，現行條文僅規定「所有人」，惟學者通說以為應從廣義解釋，即遺失物之所有人、限定物權人、占有人均包括在內，爰將「所有人」修正為「遺失人、所有人、其他有受領權之人」，以期明確，並符實際。至於因不知所有人或其所在不明時，現行法則規定拾得人有揭示及報告之義務，為慮及拾得人為揭示之不便及揭示方法之妥適性，爰刪除「不知所有人或所有人所在不明者，應為招領之揭示」，並為避免課予拾得人過重之義務，乃採雙軌制，使拾得人可選擇通知遺失人等，或逕報告、交存警察或自治機關。

（二）又為顧及遺失人急於搜尋遺失物之情形，且為使遺失物之歸屬早日確定，爰仿德國民法第965條、日本遺失物法第1條規定，於「通知」前，增列「從速」二字。

（三）為配合民法總則將「官署」用語修正為「機關」，本條以下各條所定「警署」均修正為「警察」機關。

（四）凡於機關、學校、團體或其他公共場所拾得遺失物者，事實上向各該場所之管理機關、團體或其負責人、管理人報告並交存其物，由其招領較為便捷，且具實益，爰增列但書規定，由拾得人自由選擇報告並交存其物於各該場所之管理機關、團體或其負責人、管理人。

二、第2項增列招領地點及招領方法之規定。招領地點不以遺失物拾得地為限，而招領方法亦不以公告為限，凡適當場

所（例如警察、自治機關）或適當方法（例如電台廣播、電視廣播）均得從速為之，較富彈性。又此處之受報告者，係指已接受交存遺失物者，始得進行招領程序，併予敘明。

準此規定，遺失物的主人，並沒有拋棄權利之意，因此遺失物並非無主物。拾得遺失物者，應通知所有人、遺失人、受領權人或報告警察、自治機關、學校、團體，或其管理人、負責人，不得占為己有，否則成立侵占遺失物罪。

拾得遺失物並不是法律行為，而是事實行為，只要有識別能力即可，不需要行為能力或所有的意思。值勤員警在執行職務時拾得他人的遺失物，究竟是員警本人拾得，還是機關拾得？實務見解認為執行職務拾得遺失物，以所屬機關為拾得人。

拾得遺失物，如知道失主是誰應通知他，如不知或所有人住居所不明，應為招領的揭示或報告警察、自治機關或上開機關、團體。所謂自治機關指依地方自治法規成立之團體，如村里長辦公處、鄉鎮市區公所、縣（市）政府。

第804條（遺失物經揭示後之處理）

依前條第一項為通知或依第二項由公共場所之管理機關、團體或其負責人、管理人為招領後，有受領權之人未於相當期間認領時，拾得人或招領人應將拾得物交存於警察或自治機關。

警察或自治機關認原招領之處所或方法不適當時，得再為招領之。

解說

　　為貫徹保護有受領權之人之利益，爰增訂警察或自治機關，認原招領之處所或方法不適當時，得再為招領，俾有受領權之人更有適當機會知悉其遺失物之所在。

　　準此規定，拾得人在招領揭示後，無人招領，拾得人或招領人應將拾得物交存警察或自治機關，不得占為己有。

第805條（認領之期限、費用及報酬之請求）

遺失物自通知或最後招領之日起六個月內，有受領權之人認領時，拾得人、招領人、警察或自治機關，於通知、招領及保管之費用受償後，應將其物返還之。

有受領權之人認領遺失物時，拾得人得請求報酬。但不得超過其物財產上價值十分之一，其不具有財產上價值者，拾得人亦得請求相當之報酬。

有受領權人依前項規定給付報酬顯失公平者，得請求法院減少或免除其報酬。

第二項報酬請求權，因六個月間不行使而消滅。

第一項費用之支出者或得請求報酬之拾得人，在其費用或報酬未受清償前，就該遺失物有留置權；其權利人有數人時，遺失物占有人視為為全體權利人占有。

解說

　　98年、101年立法院修正之理由如下：

一、原條文第1項「拾得後」六個月，究自拾得時起算，或自拾得後為通知或招領之日起算？如有數次招領之情形（例

如第804條），究自何時起算？易滋疑義，為明確計，爰將「拾得後」修正為「自通知或最後招領之日起」，以保障有受領權之人之權益。又為配合第803條、第804條之修正，爰將「所有人」修正為「有受領權之人」；負返還遺失物之義務者，加列「招領人」；將「警署」修正為「警察」機關；而償還之費用，將「揭示費」修正為「通知、招領之費用」。

二、第2項拾得人之報酬請求權，僅於有受領權之人認領遺失物時始存在，原條文拾得人得向遺失人索取之三成報酬偏高，於101年將請求報酬上限十分之三修正為十分之一。又依公示催告程序宣告無效之有價證券，其財產上價值有時難以估定，爰予修正為較富彈性，俾資適用。又物有不具財產上價值，但對有受領權之人重要者，如學歷證書或其他證明公私法上權利之證明文件等，為獎勵拾物不昧之精神，亦承認拾得人有報酬請求權，惟其報酬之多寡，難作具體規定，故以「相當」表示之，實務上可由當事人協議定之，不能協議者，自得依法定程序訴請法院解決。

三、為了符合公平起見，若有受領權之人依規定給付報酬顯失公平者，遺失者得請求法院減少或免除報酬，法院依具體個案裁量。

四、為使權利之狀態早日確定，爰增訂有關短期消滅時效規定。又報酬請求權之起算點，參照本法第128條意旨，以有受領權之人認領遺失物時起算，乃屬當然。

五、為確保第1項費用之支出者或拾得人之費用償還或報酬請求權，爰增訂留置權規定。至於就遺失物有多數得請求償還費用或報酬之權利人（如拾得人與招領人非同一人）且

各有不同之費用或報酬請求權時，各人對遺失物均有留置權。雖遺失物實際上僅由其中一人占有，惟其占有應視為係為全體留置權人而占有，避免輾轉交付遺失物之繁瑣，充分保障多數留置權人之權利。此種留置權為特殊留置權，依其性質當然可準用本編第九章留置權相關規定（參照本法第939條）。有權主張留置權者為支出費用之拾得人、招領人、警察或自治機關，得請求報酬之拾得人。

依本條規定，拾得人得請求之報酬時效為六個月，自有領權人之人認領遺失物時起算。拾得人在受領人未給付報酬前就遺失物有留置權，不構成侵占罪。

受領人給付報酬義務與拾得人交付受領人義務兩者間有同時履行之關係。所謂十分之一之報酬，如何認定該遺失物之價值？例如信用卡、身分證、學歷證書、格證書、權狀、文件等當事人無法協議價值時，由法院判決解決。

民法物權編施行法第4條規定「民法物權編施行前，依民法物權編之規定，消滅時效業已完成，或其時效期間尚有殘餘不足一年者，得於施行之日起，一年內行使請求權。但自其時效完成後，至民法物權編施行時，已逾民法物權編所定時效期間二分之一者，不在此限。前項規定，於依民法物權編修正施行後規定之消滅時效業已完成，或其時效期間尚有殘餘不足一年者，準用之。」

第805條之1（拾得人請求報酬之除外規定）

有下列情形之一者，不得請求前條第二項之報酬：

一、在公眾得出入之場所或供公眾往來之交通設備內，由

　　其管理人或受僱人拾得遺失物。

二、拾得人未於七日內通知、報告或交存拾得物，或經查詢仍隱匿其拾得遺失物之事實。

三、有受領權之人為特殊境遇家庭、低收入戶、中低收入戶、依法接受急難救助、災害救助，或有其他急迫情事者。

解說

　　98年、101年立法院修正之理由如下：

一、拾得人之報酬乃其招領、報告、保管等義務之酬勞，惟遺失物在公眾得出入之場所或供公眾往來之交通設備內，由其管理人或受僱人拾得遺失物者，其管理人或受僱人本有招領及保管之義務，自不宜有報酬請求權。又拾得人之報酬，不獨為處理遺失物事務之報酬，亦為拾物不昧之榮譽給付，故拾得人未於七日內通知、報告或交存拾得物，或經查詢仍隱匿其拾得之事實，即喪失報酬請求權，始為公允，爰仿德國民法第978條第2項、第971條第2項立法例，修訂本條。

二、為避免社會救助法所稱對象及特殊境遇家庭等弱勢民眾，因拾得人主張報酬請求權及留置權，而造成生活困境，增列第3款，以限制拾得人之請求報酬。

　　準此規定，捷運站之警員或管理人，拾得乘客物品，不得請求報酬，百貨公司之員工、餐廳之員工拾得顧客物品，亦然，均不得請求報酬，當然也沒有留置權。

　　計程車並非公眾得出入場所或供公眾往來之交通設備，因此，司機撿到乘客物品有報酬請求權及留置權。

第806條（拾得物之拍賣）
拾得物易於腐壞或其保管需費過鉅者，招領人、警察或自治機關得為拍賣或逕以市價變賣之，保管其價金。

解說

現行規定拾得物採拍賣方法，雖拍賣法尚未公布，惟拍賣仍須經一定之程序（債編施行法第28條參考），需時既多，費用亦鉅，為求經濟簡便，於98年1月12日立法院通過修正兼採變賣方法，「得逕以市價變賣」，以兼顧有受領權之人及拾得人雙方之權益，並配合第803條酌作文字修正。

準此規定，招領人、警察或自治機關得拍賣或逕以市價變賣易腐壞之物品，如水果、雞鴨鵝肉及其他食品等。拾得人取得價金之權利。至於文件、學歷證明、金融卡、悠遊卡等，並無腐壞或保管需費過高之問題，無逕行拍賣之餘地。

第807條（逾期未招領之遺失物所有權歸屬）
遺失物自通知或最後招領之日起逾六個月，未經有受領權之人認領者，由拾得人取得其所有權。警察或自治機關並應通知其領取遺失物或賣得之價金；其不能通知者，應公告之。
拾得人於受前項通知或公告後三個月內未領取者，其物或賣得之價金歸屬於保管地之地方自治團體。

解說

本條係98年1月12日立法院通過修正之理由如下：
一、拾得人於法定期間屆滿，即取得其物之所有權；若該物已

變賣者,拾得人當然取得價金之權利。為期拾得人早日領
取遺失物或因拍賣或變賣所得之價金,爰於第1項課予警
察或自治機關以通知或公告之義務。又有關本條期間之起
算當然適用民法第119條及第120條之規定,併予敘明。

二、拾得人於受前項通知或公告後,經過一定期間未領取時,
應如何處理?現行法尚無明文規定,易滋疑義,爰參考德
國民法第976條第2項、日本遺失物法第14條、我國民法第
44條第2項規定,明定拾得人喪失其物或賣得之價金,歸
屬於保管地之地方自治團體。

準此規定,遺失物自通知或最後招領之日起,超過六個
月,無人認領或有受領權人不認領,拾得人取得所有權,包括
孳息在內,例如拾得母狗,其所生之小狗,亦歸拾得人取得所
有權。該所有權為原始取得所有權,原先存在之權利消滅。例
如物品設定動產抵押權,遺失後,經拾得人取得所有權,該動
產抵押權消滅。警察或自治機關,負有通知或公告之義務,所
謂公告,是貼在警察或自治機關之公布欄。

第807條之1（遺失物價值輕微之歸屬）
遺失物價值在新臺幣五百元以下者,拾得人應從速通知遺失
人、所有人或其他有受領權之人。其有第八百零三條第一項
但書之情形者,亦得依該條第一項但書及第二項規定辦理。
前項遺失物於下列期間未經有受領權之人認領者,由拾得人
取得其所有權或變賣之價金:
一、自通知或招領之日起逾十五日。
二、不能依前項規定辦理,自拾得日起逾一個月。
第八百零五條至前條規定,於前二項情形準用之。

解說

　　財產價值輕微之遺失物，考量招領成本與遺失物價值成本效益，並求與社會脈動一致，爰參考德國民法第965條之立法意旨，增訂簡易招領程序規定。遺失物價值在新台幣500元以下者，拾得人如知遺失人、所有人或其他有受領權之人時，始負通知義務。其若於機關、學校、團體或其他公共場所拾得者，亦得向各該場所之管理機關、團體或其負責人、管理人報告並交存其物，由其招領較為便捷，以簡化程序，達成迅速及節省招領成本之目的。又本條僅適用於具財產價值之遺失物價值在新台幣500元以下者，不具財產價值之遺失物不適用之。

　　遺失物價值在新台幣500元以下者，拾得人踐行第1項通知或招領程序逾十五日，或不能依第1項辦理自拾得日起逾一個月，未經有受領權之人認領者，則由拾得人取得其所有權或變賣之價金，以達節省招領成本及迅速之旨。

　　第805條至第807條，於本條性質相同者，仍得準用之。

　　拾得人對於財產價值無法判斷時，仍依第803條通常程序辦理，如拾得人不依招領程序占有己有，將觸犯刑法第337條之遺占遺失物罪，並有不當得利及侵權行為之民事責任。

第808條（埋藏物之發見）
發見埋藏物而占有者，取得其所有權。但埋藏物係在他人所有之動產或不動產中發見者，該動產或不動產之所有人與發見人，各取得埋藏物之半。

解說

　　動產埋藏於動產之中或不動產中，不易為人發現，且亦不

知該動產歸屬何人，經人發現時並占有，由發現者取得該動產埋藏物的所有權，如果發現者知道何人藏匿，則非埋藏物。

埋藏物是藏在別人的動產或不動產中，發現者與所有人對埋藏物各取得一半的所有權。所謂各取得埋藏物的一半，即發現人與所有人平分，例如發現他人不動產上埋藏1萬元，由發現人與不動產所有人，各取得5,000元。如埋藏物無法分割，則二人各有二分之一的應有部分，例如在他人土地上發現埋藏一個銅器，發現者與所有人對銅器有二分之一的應有部分。可在變賣後平分價款；亦可由一人取得古董，補償他方半數的價款。

王陽委託張明拆除房屋，張明在牆壁中發現古董，立即被莊五占有，問該古董歸何人所有？

該古董為張明發現，卻被莊五搶先占有，莊五侵害張明的期待權，張明得請求返還。又該古董係埋藏在不動產中，因此最後由不動產所有人王陽與張明共有二分之一，各得一半之利益。

第809條（有學術價值埋藏物之特別規定）
發見之埋藏物，足供學術、藝術、考古或歷史之資料者，其所有權之歸屬，依特別法之規定。

解說

發現的埋藏物，如足以供學術、考古、歷史的資料，此種

物品對於文化的發展有重大影響，依特別法的規定決定所有權歸屬，避免適用本法而以私害公。所謂特別法，例如文化資產保存法、國有財產法等。

第810條（漂流物或沉沒品之拾得）
拾得漂流物、沈沒物或其他因自然力而脫離他人占有之物者，準用關於拾得遺失物之規定。

解說

　　拾得漂流物、沉沒物，與拾得遺失物情形相同，因此，本條規定一切權利義務，都適用拾得遺失物的規定。所謂漂流物指水上的遺失物及因水流到水邊的遺失物，例如漁夫遺失的漁網漂流在溪水中即是漂流物。沉沒物指由水面沉入水底的物品，如三、五位學生到溪邊游泳，眼鏡掉入水中屬沉沒物。其他因自然力而脫離他人占有之物，如颱風、大雨將林務局所屬之樹木漂流至海岸。

　　國有財產沉沒者，國有財產法第72條規定，國有財產被埋藏、沉沒者，其掘發、打撈辦法由行政院定之，舉報人依第73條給予財產總值一成以下之獎金。

第811條（動產與不動產之附合）
動產因附合而為不動產之重要成分者，不動產所有人，取得動產所有權。

解說

附合的要件如下：

一、須動產附合為不動產的重要成分，所謂重要成分指須經破壞毀損兩者才能分離的情形。例如肥料在田地上，附合於不動產上成為重要成分。

二、附合物失去獨立性，例如建築物完成後，已是獨立的不動產，不是土地的重要成分，不適用本條的規定。

三、須不屬同一人所有，如果動產與所附合的不動產屬於同一人，動產原本屬自己所有，不因附合而取得所有權。如阿三的油漆刷在阿四的房屋上，阿四對阿三的油漆取得所有權，因動產（油漆）原本不屬於阿四的，因附合的規定使阿四取得所有權，以免無法分離而損及經濟利益。阿三得依不當得利之規定請求償還價額。

實例

蔡喜建設公司與地主魏豪訂立合建契約，蔡喜公司建屋一層未完成即宣告倒閉，魏豪可否催告後解除契約並拆屋還地？

蔡喜公司所建的房屋未完成，尚不是獨立的房屋。魏豪可以蔡喜公司違約為由解除契約，解約後，該房屋因未達獨立定著物的程度，認為乃動產附合於不動產，歸魏豪所有，但是，依本法第259條規定，就蔡喜公司所支付的勞務及材料等費用應返還。未完工的房屋所有權因附合為魏豪所有，其請求拆屋還地，於法無據。

第812條（動產與動產之附合）
動產與他人之動產附合，非毀損不能分離，或分離需費過鉅者，各動產所有人，按其動產附合時之價值，共有合成物。前項附合之動產，有可視為主物者，該主物所有人，取得合成物之所有權。

解說

動產附合的要件如下：一、動產與動產附合；二、不能分離或分離費用過鉅，例如汽車烤漆難以分離。但如鐵櫃上鎖，鎖是活動的，則可以分離。

動產附合後，如果彼此間可看作是主物的，該主物所有人取得另一附合物的所有權。例如汽車上的漆，從屬於汽車，汽車乃是主物，無庸置疑。如彼此間看不出主從關係，則兩者由所有人共有所有權，應有部分按價值比例計算。

第813條（動產與動產之混合）
動產與他人之動產混合，不能識別或識別需費過鉅者，準用前條之規定。

解說

動產與他人的動產混合後成為混合物，通常是不能識別，或者所需識別費用過於龐大，不符經濟。例如綠豆與綠豆混合，啤酒與啤酒混合，不但無法識別，且也無法回復原狀，除非當事人知道混合動產的數量、品質，各自取回其數量，否則，本條規定，依價值比例共有混合物的所有權。

　　10張千元大鈔與20張千元大鈔混合，因不管取回哪10張千元大鈔，價值不生影響，所有人各自取回10張及20張不生問題，無本條混合的適用。

　　動產的混合沒有主從的區分，不論雙方或雙方以上、所混合的動產數量多少，通通視為共有。

第814條（加工物所有權之歸屬）
加工於他人之動產者，其加工物之所有權，屬於材料所有人。但因加工所增之價值顯逾材料之價值者，其加工物之所有權，屬於加工人。

解說

　　對於他人的動產，有加以製作、畫圖、變形、彩色、印刷、鍍金等情事，為保護材料所有人的利益，使材料所有人取得所有權。但是如果因所增加的價值超過材料的價值，例如鍍金的費用1萬元，材料值5,000元，為保護加工者的利益，該加工物所有權歸屬加工人。

第815條（添附及於所有權之效果）
依前四條之規定，動產之所有權消滅者，該動產上之其他權利，亦同消滅。

解說

　　附合、混合或加工都是以舊物另組織成一新物，既然是新

物，則原先構成部分的原物，不能獨立存在，在上面的權利及原物權利均當然消滅。

第816條（添附之補償請求）
因前五條之規定而受損害者，得依關於不當得利之規定，請求償還價額。

解說

　　本條係98年1月12日立法院通過修正之理由如下：

一、本條原規定主體為「喪失權利而受損害者」，其規範意旨，在於指出不當得利請求權之權利主體。惟依本法第179條規定，不當得利請求權之權利主體，為「受損害之他人」（受損人）。解釋上，只要「受損害」即可，不以「喪失權利」為必要。蓋不當得利規定之「損害」概念，範圍相當廣泛，除喪失權利外，尚包括單純提供勞務、支出費用或權益歸屬之侵害等。

二、本條規範意義有二：一為宣示不當得利請求權，縱使財產上損益變動係依法（例如第841條至第815條規定）而發生，仍屬無法律上原因；其二係指明此本質上為不當得利，故本法第179條至第183條均在準用之列，僅特別排除第181條關於不當得利返還客體規定之適用。因添附而受損害者，依關於不當得利之規定請求因添附而受利益者返還其所受之利益時，僅得適用本法第181條但書規定請求「償還價額」，不能適用同條本文規定，請求返還「利益原形」，以貫徹添附制度重新分配添附物所有權歸屬、使

所有權單一化、禁止添附物再行分割之立法意旨。為求明確，將「償金」修正為「價額」。又添附行為如該當侵權行為之要件，自有侵權行為損害賠償請求權之適用，乃屬當然，併予指明。

準此規定，因附合、混合及加工等情形，遭受損害的一方，可依不當得利的規定，向受益的一方請求返還價額。所謂依不當得利的規定，指須符合不當得利的構成要件，一方受損，一方受益，其間並沒有法律關係，受益與受損有因果關係。如基於其他法律關係發生添附的情形，不構成不當得利，例如徐民自備木材為梁仁修理房屋，徐民可依承攬的規定向梁仁請求報酬，不是根據本條請求添附的不當得利。

劉義竊取陳正的水泥漆，漆在王珊的房屋上，問陳正如何尋求補償？

劉義竊取陳正的水泥漆是侵權行為，對陳正應負損害賠償責任。王珊因劉義漆陳正的水泥漆在房屋上受有利益，陳正可向王珊請求返還價額（相當於水泥漆的價值）。

第四節　共　有

第817條（共有之意義）

數人按其應有部分，對於一物有所有權者，為共有人。

各共有人之應有部分不明者，推定其為均等。

解說

　　分別共有指數個人按應有部分（俗稱持分）共同享有一物的所有權，例如江梅、江蘭、江竹、江菊依應有部分各四分之一共有一塊土地，四個人可將自己的應有部分賣給他人，但無權將整塊土地或部分土地賣給他人，因每個人僅有土地抽象的四分之一的應有部分，不是整塊土地或部分土地具體的所有權。

　　各共有人的應有部分，如沒有反證證明，推定為均等，因均等為常態，不均等者少。數個人共資購買一物發生共有關係，除各出資人間有特別的約定外，應按出資比例決定應有部分。

　　周星與張斗是鄰居，兩人共有法定空地持分各二分之一。周星未經張斗協議，即以拒馬圍籬作停車之用，問張斗有何權利主張？

　　根據最高法院74年民庭會議決定，未經共有人協議分管的共有物，共有人對共有物的特定部分占用使用收益，須徵得他共有人全體的同意。如未經他共有人同意就共有物的全部或一部任意占用收益，他共有人得本於所有權請求除去妨害或請求向全體共有人返還占用部分。但不得將各共有人的應有部分固定於共有物的特定部分，並進而主張共有人超過應有部分的占用部分為無權占有而請求返還於己。準此決議，張斗可請求周星拆除拒馬，返還土地給張斗及周星。如張斗礙於鄰居關係，不願興訟，也可向所在地鄉鎮區公所聲請調解，以避免法庭上針鋒相對的緊張局面。

第818條（共有物之使用收益）

各共有人，除契約另有約定外，按其應有部分，對於共有物之全部，有使用收益之權。

解說

本條意旨在規定共有物使用收益權能之基本分配，若共有人在此基礎上已有分管協議，法律自應尊重。縱使各共有人依該協議實際可為使用或收益之範圍超過或小於應有部分，亦屬契約自由範圍。至其效力是否拘束應有部分之受讓人，則應依第826條之1而定，爰仿第820條第1項加以明定。

各共有人按應有部分對公有物的全部有使用收益的權利，如共有物性質得共同使用或收益時，各共有人得同時使用或收益，例如共有的房屋共同居住，共有的土地所收的租金共同收益，所謂應有部分指分別共有人可行使權利的比例，並非指共有物的特定部分；共有人對共有物使用收益應共同協議，協議不成均無法就特定部分使用收益。如共有人不顧他人的利益就共有物的全部或一部任意使用，即侵害其他共有人的權利（最高法院62年台上字第1803號判例參照）。

大法官會議釋字第349號解釋，認為最高法院48年台上字第1065號判例「共有人於其與他共有人訂立共有物分割或分管之特約後，縱將其應有部分讓與第三人，其分割或分管契約，對於受讓人仍繼續存在」，就維持法律秩序的安定性固有必要，但應有部分受讓人若不知悉有分管契約，亦無可得而知的情形，受讓人仍受讓與人所訂分管契約的拘束，有使善意第三人受不測損害之虞，與憲法保障人民財產權的意旨有違，該判例在此範圍，不再援用。

林忠、林孝、林信、林仁有一塊農地120坪，持分各四分之一，該四人就土地的利用無法達成共識。林忠未經林孝、林信、林仁同意在30坪的土地上耕作，問林孝、林信、林仁如何請求救濟？

　　林忠、林孝、林信、林仁未簽訂分管契約，亦未就共有土地的使用收益協議，林忠就特定的30坪土地耕作，仍侵害其他林孝、林信、林仁的共有權。林忠以為他的持分四分之一，因此在30坪耕作不成問題，其實林忠是誤解持分的意義。林孝、林信、林仁除了可請求林忠返還該土地予共有人全體外，也可請求林忠損害賠償及不當得利。在訴訟技巧上林孝、林信、林仁可同時主張這三種權利，避免數次提出訴訟，浪費自己時間、費用，也耗費司法資源。

實例二

　　陳玲將地下室停車位使用權出售給蔡如，陳玲三樓房屋賣給賴雯，賴雯可否訴請蔡如返還停車位？

　　地下室車位共同使用部分與建築物專有部分，有密不可分的主從關係，房屋所有人不得將車位單獨出售而保留房屋，也不可將房屋出售而保留停車位使用權。當房屋所有權移轉時，共同使用的地下室停車位所有權應有部分已隨著移轉。因此，陳玲將房屋所有權賣給賴雯時，停車位的應有部分所有權及使用權均移轉給賴雯，蔡如無法主張她向陳玲買停車位使用權作為抗辯，蔡如所受的損害僅能向陳玲請求賠償。

建設公司A蓋屋出售，與買受房屋的客戶訂定預售屋契約，約定地下室除公共設施為各地上層住戶全體共有外，其他部分均歸A公司所有。買受人王萍買受房屋後認為該契約不合理，主張地下室及停車位應為住戶共有，建設公司於是訴請法院確定地下室及停車位為A公司所有，問有無理由？

大樓的地下室防空避難設施及停車位，因使用執照未記載非屬共同使用性質，且未編列門牌，依土地登記規則，A建設公司無法辦理地下防空所有權第一次登記。建設公司與買方縱使另有約定，不能改變建商無法單獨享有地下防空避難室及停車位所有權的事實，所以，A公司的起訴並無理由。

第819條（共有物之處分）
各共有人得自由處分其應有部分。
共有物之處分、變更、及設定負擔，應得共有人全體之同意。

解說

共有人將應有部分讓與他人，或以應有部分供擔保，不影響其他共有人的權利，故本條准許之。但共有人若將共有物毀損、滅失，則損害其他共有人的權利，所以不許之，共有物的全部或一部處分、變更或設定，涉及其他共有人的權利，因此，第2項規定，必須徵得全體共有人的同意。如果共有人人數太多，願以多數決決定，自應遵從該會議的決定，不必全體共有人同意。土地法第34條之1特別規定，共有土地的處分以

共有人過半數及應有部分合計過半數即可，此外，應有部分合計逾三分之二者，人數不予計算，毋須共有人全體同意，該法為本法的特別法，優先適用土地法。

　　共有人將應有部分設定與他人，依大法官會議釋字第141號解釋為法所許，毋須其他共有人的同意，因不影響其他共有人權利之故。

第820條（共有物之管理）

共有物之管理，除契約另有約定外，應以共有人過半數及其應有部分合計過半數之同意行之。但其應有部分合計逾三分之二者，其人數不予計算。

依前項規定之管理顯失公平者，不同意之共有人得聲請法院以裁定變更之。

前二項所定之管理，因情事變更難以繼續時，法院得因任何共有人之聲請，以裁定變更之。

共有人依第一項規定為管理之決定，有故意或重大過失，致共有人受損害者，對不同意之共有人連帶負賠償責任。

共有物之簡易修繕及其他保存行為，得由各共有人單獨為之。

解說

　　本條係98年1月12日立法院通過修正之理由如下：

一、為促使共有物有效利用，立法例上就共有物之管理，已傾向依多數決為之（如瑞士民法第647條之1、第647條之2、日本民法第252條、義大利民法第1105條、第1106條、第

1108條、奧國民法第833條、德國民法第745條），爰修正第1項。

二、共有人依第1項規定就共有物所定之管理，對少數不同意之共有人顯失公平時，不同意之共有人得聲請法院以裁定變更該管理，俾免多數決之濫用，並保障全體共有人之權益，爰增訂第2項。又依第1項規定之管理，係指多數決或應有部分超過三分之二所定之管理。

三、對共有人原定之管理嗣因情事變更致難以繼續時，任何共有人均得聲請法院變更之，俾符實際。

四、共有人依第1項為共有物管理之決定時，有故意或重大過失，致共有人受有損害者，為保護不同意該管理方法之少數共有人權益，明定共有人應負連帶賠償責任。又該責任為法定責任，但不排除侵權行為規定之適用，併予敘明。

準此規定，共有物之共有人，對於共有物之簡易修繕及其他保存行為（如油漆或飼養鴨飼料）得由各共有人單獨為之。但對共有物之管理，如出租為或土地予他人，屬管理行為，以共有人過半數及應有部分合計，或應有部分合計逾三分之二，若未達該規定，共有人擅自管理行為，致共有人受損，應對不同意共有人連帶負賠償責任。若符合上開規定，但有故意或重大過失，致共有人受損，亦應對不同意共有人連帶負賠償責任。

共有物管理人不能自由處分管理物，若未經共有人全體同意擅自處分，其處分行為，不生移轉物權效力。若係依土地法第34條之1規定，共有土地或建物之處分，共有人過半數及應有部分合計過半數，或應有部分合計逾三分之二，則其處分有效，毋須全體共有人同意，此為土地法之特別規定，優先適用。

劉日未得其他層樓人的同意，在公寓七樓屋頂平台上搭建鋼架覆蓋石棉瓦，作為遮雨、遮陽之用，並無牆壁，問其他人可否訴請拆除？

房屋的屋頂平台依本法第799條規定為一至七層人共有，劉日搭建鋼架石棉瓦並無牆壁，且非供自己使用，僅為遮雨、遮陽之用，其性質為保存行為，依本條第5項的規定，毋庸其他共有人的同意。因此，其他層樓的共有人訴請拆除並無理由。至於劉日之違章建築行政機關有權拆除，乃違反建築法而導致行政機關依法行政，與共有人之尋求司法救濟不同，兩者並無牴觸、矛盾。如果劉日搭建之石棉瓦，已足以遮風避雨，不管供何人使用，已侵害共有人權利，其他共有人任何一人，可訴請拆除。

孫昭在整個屋頂平台上搭建房屋，供他的兒子讀書之用，問其他層樓的共有人可否訴請拆除？

搭建房屋供人使用乃管理行為，須得其他共有人之同意始可。至少有三分之二以上共有人，或應有部分合計過半數及共有人過半數之同意始可為之。孫昭未得其他共有人同意，搭建平台乃侵害共有人的共有權，其他共有人可訴請拆除。此外，孫昭越權加蓋房屋，使其他人無法使用，顯示孫昭有支配該平台排除他人使用的不法利益的意圖，將構成刑法第320條的竊占罪。

第821條（共有人請求權之行使）

各共有人對於第三人，得就共有物之全部為本於所有權之請求。但回復共有物之請求，僅得為共有人全體之利益為之。

解說

　　共有人所享有的權利與所有人並無不同，因此，各共有人對於第三人得為一切行為也與單獨所有人相同。但請求回復共有物須回復給全體共有人，始能照顧共有人的利益。根據本條起訴時，毋須全體共有人起訴，因是保存行為，可單獨提起。其中共有人一人或數人提起並無不可，但第三人無權占有或侵奪共有物，請求返還共有物時，應聲明被告返還共有物予共有人全體，不得僅聲明返還共有物予若干共有人或原告一人。本條僅適用分別共有，不適用公同共有的情形。

　　邱璋與沈凱共有一土地，持分各二分之一，在未分割前，兩人訂立分管契約，邱璋使用東邊的50坪，沈凱則使用西邊的50坪，不得讓與第三人，中間有一田埂為界址。邱璋因缺錢未經沈凱同意，將他東邊的50坪賣給黃洋，並由黃洋使用，沈凱能否訴請黃洋回復原狀返還土地？

　　分管契約訂定後，當事人須依約定的方法使用，一方違約將分管契約轉讓第三人，不但違反分管契約，他方共有人得依本法第821條的規定，請求返還全體共有人，因此，沈凱請求黃洋返還土地給共有人全體乃有理由。

第822條（共有物費用之分擔）

共有物之管理費及其他擔負，除契約另有約定外，應由各共有人按其應有部分分擔之。

共有人中之一人，就共有物之負擔為支付，而逾其所應分擔之部分者，對於其他共有人得按其各應分擔之部分，請求償還。

解說

　　共有人就應有部分享受利益，相對地應負擔共有物的管理費、收益費及稅捐（例如房屋稅、地價稅）。但是共有人可就此等事項訂定契約，約定分擔的方法。如果未訂定契約，而共有人應分擔的部分超過應有部分時，可向其他共有人就超過部分請求償還。

第823條（共有物分割之請求及其限制）

各共有人，除法令另有規定外，得隨時請求分割共有物。但因物之使用目的不能分割或契約訂有不分割之期限者，不在此限。

前項約定不分割之期限，不得逾五年；逾五年者，縮短為五年。但共有之不動產，其契約訂有管理之約定時，約定不分割之期限，不得逾三十年；逾三十年者，縮短為三十年。

前項情形，如有重大事由，共有人仍得隨時請求分割。

解說

　　本條係98年1月12日立法院通過修正之理由如下：

一、原第1項規定各共有人原則上得隨時請求分割共有物，惟如法令另有規定者自當從其規定，為期周延，增列除外規定。

二、不動產利用恆須長期規劃達一定經濟規模，始能發揮其效益，若共有人間就共有之不動產已有管理之協議時，該不動產之用益已能圓滑進行，共有制度無效率之問題足可避免，是法律對共有人此項契約自由及財產權之安排，自應充分尊重，爰於第2項增列但書規定，放寬約定不分割期限至三十年（瑞士民法第650條第2項規定參照）。

三、至共有人間雖訂有禁止分割期限之契約，但在該期限內如有重大事由，可否仍得隨時請求分割？現行法尚無明文規定，易滋疑疑義。惟參考外國立法例（德國民法第749條第2項、義大利民法第1111條第3項）仍有准許當事人得隨時請求分割之規定，且當事人契約既已明定不得分割，應限例外情事始得請求分割，爰增訂第3項，以期明確。所謂「重大事由」，係指法院斟酌具體情形認為該共有物之通常使用或其他管理已非可能，或共有難以繼續之情形而言，例如共有人之一所分管之共有物部分已被徵收，分管契約之履行不能或分管契約有其他消滅事由等是。

基此規定，共有人中有人要分割，有人不同意，若維繫此共有關係於共有人或國家經濟皆有損害。本條規定共有人可以隨時請求分割而消滅共有關係，以地盡其利。分割共有物的訴訟，依最高法院見解，並不是請求權而是形成權的一種，因此沒有本法第125條逾十五年不能請求的適用。因此，分割協議後逾十五年為仍得起訴履行協議分割，被告無法以時效消滅抗辯分割。

　　請求分割共有物時，由同意分割者為原告，反對分割者為被告，缺一不可；立場搖擺，不願在起訴狀蓋章，視為反對分割，以被告視之。

　　本條所謂因物的使用目的不能分割，指共有物繼續供他物之用，而為其物之利用所不可缺，或為一權利之行使所不可缺者。

　　所謂契約訂有不分割的期限，以五年為限，動產約定不分割超過五年者，縮短為五年，不動產約定不分割期限不得逾三十年，逾三十年縮短為三十年，即逾三十年之部分無效，使共有物及早分割，以盡利用。

實例

　　錢富、許貴、鄭道三人共有一土地，未約定不能分割，持分各三分之一，錢富於82年10月10日死亡，繼承人計五人，許貴、鄭道如何請求分割該土地？

　　依最高法院75年第2次民事庭會議決議及司法院第一廳之研究意見認為，共有物的分割為處分行為，不動產中共有人一人死亡，於繼承人未繼承登記前，原不得分割共有物，但實務上為求訴訟經濟起見，避免多次訴訟始解決此一問題，准許原告請求繼承登記及分割共有物之訴合併提起，即以一個訴訟請求死亡的共有人的繼承人辦理繼承登記，並同時請求該繼承人辦理繼承登記後與原告及其餘共有人分割共有的不動產。依此見解，許貴及鄭道請求錢富的五個繼承人辦理繼承登記，並與原告分割該土地，並無不可。

第824條（分割共有物）

共有物之分割，依共有人協議之方法行之。

分割之方法不能協議決定，或於協議決定後因消滅時效完成經共有人拒絕履行者，法院得因任何共有人之請求，命為下列之分配：

一、以原物分配於各共有人。但各共有人均受原物之分配顯有困難者，得將原物分配於部分共有人。

二、原物分配顯有困難時，得變賣共有物，以價金分配於各共有人；或以原物之一部分分配於各共有人，他部分變賣，以價金分配於各共有人。

以原物為分配時，如共有人中有未受分配，或不能按其應有部分受分配者，得以金錢補償之。

以原物為分配時，因共有人之利益或其他必要情形，得就共有物之一部分仍維持共有。

共有人相同之數不動產，除法令另有規定外，共有人得請求合併分割。

共有人部分相同之相鄰數不動產，各該不動產均具應有部分之共有人，經各不動產應有部分過半數共有人之同意，得適用前項規定，請求合併分割。但法院合併分割為不適當者，仍分別分割之。

變賣共有物時，除買受人為共有人外，共有人有依相同條件優先承買之權，有二人以上願優先承買者，以抽籤定之。

解說

　　本條係98年1月12日立法院通過修正之理由如下：

一、裁判分割之原因，除共有人不能協議決定外，實務上認為

共有人訂立之協議分割契約，其履行請求權倘已罹於消滅時效，共有人並有為拒絕給付之抗辯者，共有人得請求法院判決分割（最高法院69年度第8次民事庭會議決議參照）。為期周延，爰修正第2項序文予以明定。又原條文第2項規定之裁判上共有物分割方法，過於簡單，致社會之經濟或共有人個人利益，常無以兼顧，實務上亦頗為所苦，為解決上述問題，爰參照德國民法第753條第1項、瑞士民法第651條第2項及日本民法第258條第2項等立法例，將裁判上之分割方法作如下之修正：原則上以原物分配於各共有人。以原物分配如有事實或法律上之困難，以致不能依應有部分為分配者，得將原物分配於部分共有人，其餘共有人則受原物分配者之金錢補償；或將原物之一部分分配予各共有人，其餘部分則變賣後將其價金依共有部分之價值比例妥為分配；或變賣共有物，以價金分配於各共有人。法院為上述分割之裁判時，自應斟酌共有人之利害關係、共有物之性質、價格及利用效益等，以謀分割方法之公平適當。

二、為配合第2項關於分割方法之修正，爰修正第3項。以原物分配於部分共有人，未受分配之共有人得以金錢補償之，始為平允。至於按其應有部分受分配者，如依原物之數量按其應有部分之比例分配，價值顯不相當者，自應依其價值按其應有部分比例分配。

三、法院為裁判分割時，固應消滅其共有關係，然因共有人之利益或其他必要情形，就共有物之一部，有時仍有維持共有之必要。例如分割共有土地時，需保留部分土地供為通行道路之用是，爰增訂第4項，賦予法院就共有物之特定

部分不予分割之裁量權，以符實際並得彈性運用。又此項共有，應包括由原共有人全體或部分共有人維持共有之二種情形。

四、共有人相同之數筆土地常因不能合併分割，致分割方法採酌上甚為困難，且因而產生土地細分，有礙社會經濟之發展，爰增訂第5項，以資解決。但法令有不得合併分割之限制者，如土地使用分區不同，則不在此限。

五、為促進土地利用，避免土地過分細分，爰於第6項增訂相鄰各不動產應有部分過半數共有人之同意，即得請求法院合併分割。此時，各該不動產均具應有部分之共有人始享有訴訟權能。其於起訴後請求合併分割者，原告可依訴之追加，被告可依反訴之程序行之。共有物分割方法如何適當，法院本有斟酌之權，故法院為裁判時，得斟酌具體情形，認為合併分割不適當者，則不為合併分割而仍分別分割之。

六、共有物變價分割之裁判係賦予各共有人變賣共有物，分配價金之權利，故於變價分配之執行程序，為使共有人仍能繼續其投資規劃，維持共有物之經濟效益，並兼顧共有人對共有物之特殊感情，爰於第7項增訂以變價分配時，共有人有依相同條件優先承買之權。但為避免回復共有狀態，與裁判分割之本旨不符，爰仿強制執行法第94條規定，有二人以上願優先承買時，以抽籤定之。又買受人為共有人時，因本項規範目的已實現，且為免法律關係之複雜化，故明定於此種情形時，排除本項之適用。

準此規定，共有物的分割有兩種方式：一為協議分割；二為裁判分割。協議分割只須全體共有人同意分割方法即可，

不以書面協議為必要，且分割方式由共有人自行協議，不受本條第2項拘束。但為使協議分割慎重起見，以書面為妥。如協議分割後，一方拒絕辦理分割登記，其他共有人僅得依協議分割請求對方履行登記義務，不得訴請法院按協議方法，再為分割共有物之判決（最高法院59年台上字第1198號判決參照）。共有人因意見不同或利益相左無法達成協議，得向法院提起分割共有物之訴。起訴時原告應主張如何分割，俾利法院審酌，但法院不受原告聲明的拘束，得按當事人的聲明、共有物的性質、經濟效用、共有物價格、全體共有人的利益公平決定，分割的方法選擇：一、分配原物各共有人，如二人共有200坪土地應有部分各二分之一，各分得100坪均靠近馬路之土地；二、原物分配，如共有人不能按應有部分受分配時，以價金補償。例如四兄弟各以四分之一共有四層樓，二、三樓各為50坪，四樓40坪，一樓48坪，一樓價值較高，四樓坪數不足，估價結果一樓需補償二、三、四樓，則以金錢補償；三、原物分配部分共有人，金錢補償部分共有人，例如三人共有一塊土地100坪，甲持分45%，乙持分45%，丙持分10%，丙若分得10坪，難盡利用之能事，法院得將土地，歸甲、乙各50坪，該二人各補償土地價值10%予丙；四、變價分配各共有人，例如甲、乙二人各以二分之一共有一佛像古董，無法以原物分割，雙方對歸一人再補償有異議，得變賣再分配價金；五、原物一部分分配各共有人維持共有，他部分變價，以價金分配各共有人；六、共有人相同之數不動產，各不動產應有部分過半數共有人同意，為合併分割，或共有人部分相同之相鄰數不動產交易與變賣分配價金之一或併用均無不可，對法院分割方法及裁判不服者可提起上訴。

實例

　　程東、張慧、黃娟、李樺、王銘共有一土地，持分各五分之一，程東、張慧、黃娟同意分割，李樺、王銘反對，程東、張慧、黃娟可否逕向地政機關辦理分割手續？李樺、王銘可否訴請分割共有物？

　　本法第824條第1項所謂的「協議」指經全體共有人同意而言，與「議決」之多數決原則不同。至於土地法第34條之1第1項規定共有土地的處分，不包括共有的分割，因此，共有物的分割不適用土地法第34條之1多數決的規定。程東、張慧、黃娟未得全體共有人同意，向地政機關辦理分割登記，不應准許。而李樺、王銘與程東、張慧、黃娟協議分割不成，可提起分割共有物的訴訟。贊成分割者為原告，反對分割者為被告，若均贊成分割，只是分割方法不同，相同方法者先提起的為原告，其餘人為被告，被告亦得在訴法中提起反訴。分割共有物訴訟為固有必要共同訴訟，因此，所有共有人為當事人（原告或被告），缺一不可。

第824條之1（分割共有物對抵押權、質權之影響）
共有人自共有物分割之效力發生時起，取得分得部分之所有權。
應有部分有抵押權或質權者，其權利不因共有物之分割而受影響。但有下列情形之一者，其權利移存於抵押人或出質人所分得之部分：
一、權利人同意分割。
二、權利人已參加共有物分割訴訟。

三、權利人經共有人告知訴訟而未參加。

前項但書情形，於以價金分配或以金錢補償者，準用第八百八十一條第一項、第二項或第八百九十九條第一項規定。

前條第三項之情形，如為不動產分割者，應受補償之共有人，就其補償金額，對於補償義務人所分得之不動產，有抵押權。

前項抵押權應於辦理共有物分割登記時，一併登記，其次序優先於第二項但書之抵押權。

解說

　　共有物分割之效力，究採認定主義或移轉主義，學者問每有爭論，基於第825條之立法精神，本法採移轉主義，即共有物分割後，共有人取得部分單獨所有權，其效力係向後發生而非溯及既往。又本條所謂「效力發生時」，在協議分割，如分割者為不動產，係指於辦畢分割登記時；如為動產，係指於交付時。至於裁判分割，則指在分割之形成判決確定時。

　　分割共有物之效力，因採移轉主義，故應有部分原有抵押權或質權者，於分割時，其權利仍存在於原應有部分上。但為避免法律關係轉趨複雜，並保護其他共有人之權益，另增訂但書三款規定，明定於有但書情形時，其抵押權或質權僅移存於抵押人或出質人所分得之部分。第1款明定於協議分割時，權利人同意分割之情形。此所謂同意係指同意其分割方法而言，但當事人仍得另行約定其權利移存方法，要屬當然，不待明文。第2款、第3款係指於裁判分割時，權利人已參加共有物分割訴訟或已受告知訴訟之情形。權利人於該訴訟中，有法律上之利害關係，故適用民事訴訟法有關訴訟參加之規定，權利

人於訴訟參加後，就分割方法陳述之意見，法院於為裁判分割時，應予斟酌，乃屬當然。若權利人未自行參加者，於訴訟繫屬中，任何一共有人均可請求法院告權利人參加訴訟。如其已參加訴訟，則應受該裁判之拘束。至若經訴訟告知而未參加者，亦不得主張本訴訟之裁判不當。

共有人將其應有部分抵押或出質者，嗣該共有物經分割，抵押人或出質人並未受原物分配時，該抵押權或質權應準用第881條第1項、第2項，或第899條之規定，由抵押人或出質人所受之價金分配或金錢補償，按各抵押權人或質權人之次序分配之，其次相同者，按債權額比例分配之，並對該價金債權或金錢債權有權利質權，俾保障抵押權人或質權人之權益。

為保障因不動產之裁判分割而應受補償共有人之權益，增訂應受補償人對於補償義務人之補償金債權，就補償義務人分得之不動產，有法定抵押權。第4項僅適用於不動產分割之情形。蓋因動產，請求法院裁判分割之案例甚少，且動產質權之設定，必以占有質物為要件，如分割時，共有物由補償義務人占有，則與動產質權之精神不符；又動產有善意受讓問題，如予規定，實益不大，故本項適用範圍不及於動產。

前項法定抵押權，於向地政機關申請共有物分割登記時，應一併申請登記之。其次序應優先於因其有物分割訴訟而移存於特定應有部分之抵押權，始足以確保應受金錢補償之共有人之利益，並兼顧交易安全。至第5項法定抵押權與其他抵押權之次序，仍依第865條規定之。又不動產分割，應受補償者有多數人時，應按受補償金額比例登記為共有抵押權人，併予指明。

林東、蔡西、王南、黃北共有土地，持分各四分之一，林東將持分設定抵押權給銀行貸款400萬元，林東等四人分割該共有土地後，銀行抵押權效力如何？

分割共有物之效力，採移轉主義，即共有物分割後，共有人取得分得部分單獨所有權，效力向後發生效力非溯及既往，故應有部分原有抵押權，於分割時權利仍存在於原應有部分上。因此，林東等共有人分割土地後，銀行抵押權效力仍在四人分得之四塊土地上，抵押權權利不受影響。但有下列三項情形之一時，銀行之抵押權僅存在林東分得之地上，其他三人之抵押權效力不存在：一、權利人同意分割，所謂權利人指抵押權人而言，同意分割包括協議分割及訴訟上同意分割；二、權利人已參加共有物分割訴訟；三、權利人經共有人權知訴訟而未參加。

第825條（共有人之互相擔保責任）

各共有人對於他共有人因分割而得之物，按其應有部分，負與出賣人同一之擔保責任。

解說

分割共有物的效力是移轉主義，分割（協議或裁判分割）成為單獨所有的效力不溯及共有關係成立之始，各共有人之所以成為單獨所有人，由於彼此相互移轉、讓與部分權利所致，此情形與出賣無異，因此，就移轉應有部分須負擔保責任。例如甲所分割的土地上，於分割前乙建房屋占有，甲分割後得本

於所有權，請求拆除該房屋，乙的共有關係已隨著分割而消滅，就未得的部分沒有使用收益的權利。

　　王敏與吳峰共有一土地，王敏起訴請求分割共有的土地，同時請求協同辦理分割登記以及交付土地可否准許？

　　依本法第759條、第825條規定，就判決分割取得的土地為單獨所有權人，其他共有人就分割結果按應有部分（即持分）負與出賣人相同的擔保責任（權利瑕疵及物的瑕疵責任），此為債的關係，原告一訴合併請求分割共有物及交付，並無不可。

第826條 （所得物與共有物證書之保存）
共有物分割後，各分割人應保存其所得物之證書。
共有物分割後，關於共有物之證書，歸取得最大部分之人保存之；無取得最大部分者，由分割人協議定之；不能協議決定者，得聲請法院指定之。
各分割人，得請求使用他分割人所保存之證書。

解說

　　共有物分割後，分割人各自保管分割物的證書，例如土地分割後，所有權狀由分割人各自保管。整個共有物的證書，則由最大部分的人保存；沒有最大部分時，分割人協議決定何人保管；無法協議保管人時，可聲請法院指示。各分割人如需共有物的證書，可向保管人借用。

第826條之1（共有人對共有物約定對受讓人之效力）

不動產共有人間關於共有物使用、管理、分割或禁止分割之約定或依第八百二十條第一項規定所為之決定，於登記後，對於應有部分之受讓人或取得物權之人，具有效力。其由法院裁定所定之管理，經登記後，亦同。

動產共有人間就共有物為前項之約定、決定或法院所為之裁定，對於應有部分之受讓人或取得物權之人，以受讓或取得時知悉其情事或可得而知者為限，亦具有效力。

共有物應有部分讓與時，受讓人對讓與人就共有物因使用、管理或其他情形所生之負擔連帶負清償責任。

解說

　　共有物之管理或協議分割契約，實務上認為對於應有部分之受讓人仍繼續存在（最高法院48年台上字第1065號判例參照）。使用、禁止分割之約定或依本法第820條第1項所為之決定，亦應作相同之解釋。又上述契約、約定或決定之性質屬債權行為，基於債之相對性原對第三人不生效力，惟為保持原約定或決定之安定性，特賦予物權效力，爰照大法官會議釋字第349號解釋，並仿外國立法例，於不動產為上述約定或決定經登記後，即對應有部分之受讓人或取得物權之人，具有效力（德國民法第746條、第1010條第1項、瑞士民法第649條之1參照）。又經由法院依第820條第2項、第3項裁定所定之管理，屬非訟事件，其裁定效力是否及於受讓人，尚有爭議（最高法院67年台上字第4046號判例參照），且該非訟事件裁定之公示性與判決及登記不同，故宜明定該裁定所定之管理亦經登記後，對於應有部分之受讓人或取得物權之人始具有效力。

共有人間就共有物因為關於第1項使用、管理等行為之約定、決定或法院之裁定，在不動產可以登記之公示方法，使受讓人等有知悉之機會，而動產無登記制度，法律上又保護善意受讓人，故以受讓人等於受讓或取得時知悉或可得而知其情事者為限，始對之發生法律上之效力，方為持平。

共有物應有部分讓與時，受讓人對讓與人就共有物因使用、管理或其他情形（例如協議分割或禁止分割約定等）所生之負擔（第822條參照），為保障該負擔之共有人，應使受讓人與讓與人連帶負清償責任。又所積欠之債務雖明定由讓與人與受讓人連帶負清償責任，則於受讓人清償後，自得依第280條規定定其求償額。

準此規定，本條增訂後始成立之不動產分割協議，須登記始有物權效力，若未登記不生物權對抗受讓人之效力。

第827條（公同共有之成立）
依法律規定、習慣或法律行為，成一公同關係之數人，基於其公同關係，而共有一物者，為公同共有人。
前項依法律行為成立之公同關係，以有法律規定或習慣者為限。
各公同共有人之權利，及於公同共有物之全部。

解說

本條係98年1月12日立法院通過修正之理由如下：
一、公同關係之成立，學者通說及實務上均認為非以法律規定或契約約定者為限，依習慣或單獨行為成立者所在多有，

為期周延，爰將第1項「契約」修正為「法律行為」，並增設「習慣」，以符實際。又本項所稱「習慣」，例如最高法院42年台上字第1196號判例（同鄉會館）、93年度台上字第2214號判決（家產），均屬之。

二、依法律行為而成立之公同關係，其範圍不宜過廣，為避免誤解為依法律行為得任意成立公同關係，明定此種公同關係以有法律規定（例如第668條）或習慣者為限。

準此規定，公同共有人不得主張公同共有物，有其特定部分，且未經全體同意擅自處分，屬無權處分，對其他共有人不生效力。

第828條（公同共有人之權義關係）

公同共有人之權利義務，依其公同關係所由成立之法律、法律行為或習慣定之。

第八百二十條、第八百二十一條及第八百二十六條之一規定，於公同共有準用之。

公同共有物之處分及其他之權利行使，除法律另有規定外，應得公同共有人全體之同意。

解說

關於共有物之管理、共有人對第三人之權利、共有物使用、管理、分割或禁止分割之約定對繼受人之效力等規定，不惟適用於分別共有之情形，其於公同共有亦十分重要，且關係密切。

公同關係存續期間，各公同共有人不得請求分割共有物，

但遺產依民法第1164條規定，繼承人得隨時請求分割，乃本條之例外。又土地法第34條之1有特別規定，公同共有不動產之處分、變更及設定地上權、農育權、不動產役權或典權，準用土地法分別共有之規定，因此，公同共有人過半數及其潛在應有部分（如應繼分）合計過半數之同意可行使上開處分、變更或設定負擔。

實例

　　某祭祀公業選舉張崑為管理人，但派下員張亮認為選舉無效，單獨提起確認該祭祀公業對張崑的委任關係（即張崑的管理權）不存在，當事人是否適格？

　　以管理人選舉無效為由，提起確認管理人的管理權不存在，依最高法院54年台上字第2035號判例及61年民庭庭長會議決議，認為不是對公同共有物的處分行為，也不是其他權利行使的行為，因此沒有本條第2項的適用，張亮未得其他派下員同意單獨提起確認管理權訴訟，當事人適格並無欠缺。

　　該判決既判力僅存於張崑及張亮之間，對其他派下員並無既判力。其他人仍可提起確認管理權不存在之訴訟。

第829條（公同共有物分割之限制）
公同關係存續中，各公同共有人，不得請求分割其公同共有物。

解說

　　依法律規定或契約約定，成立公同共有關係時，不應各

共有人隨時請求分割共有物，以保持公同的關係，符合約定初衷。但公同共有關係終止後，可請求分割公司共有物，無本條適用之餘地（最高法院37年上字第7357號判例參照）。

馬榮、馬耀繼承馬輝的土地兩筆，馬榮可否請求分割該遺產？

本法第1164條規定，繼承人得隨時請求分割遺產，所以，遺產以准許分割為原則，禁止分割為例外，與公同共有財產以禁止隨時分割為原則有別，若欲分割須有終止公同關係的前置手續。馬榮贊同分割，馬耀反對分割，馬榮以馬耀為被告訴請分割該二筆土地，自應准許。

第830條（公同共有之消滅）
公同共有之關係，自公同關係終止，或因公同共有物之讓與而消滅。
公同共有物之分割，除法律另有規定外，準用關於共有物分割之規定。

解說

公同共有因合夥或其他公同關係而發生，因公同關係的終結或共有物的讓與而消滅，消滅後所為分割，如果沒有約定，應依共有物分割的規定。此次修正將公同共有物分割，準用共有物分割之規定，包括方法及效力均準用。

公同共有關係之終止，由法律規定或契約之約定，如合夥

之解散，夫妻以契約廢止共同財產契約。公同關係終止後，共有人之狀態為分別共有，共有人得隨時請求分割共有物。

第831條（準共有與準公同共有）

本節規定，於所有權以外之財產權，由數人共有或公同共有者準用之。

解說

數人公有所有權以外的財產，例如地上權、不動產役權、農育權、抵押權、質權、租賃權等，不論是分別共有或公同共有，均準用本法第817條至第830條的規定，此為準共有。有人認為本條規定於物權編，因此不適用於債權情形，苟如比，則租賃權即無適用餘地，司法院第一廳即採此一見解。

專利權、商標權、著作權等亦得為準共有之標的，但有特別規定時，應適用其特別規定。

|第三章|
地上權

第一節　普通地上權

第832條（普通地上權之定義）

稱普通地上權者，謂以在他人土地之上下有建築物或其他工作物為目的而使用其土地之權。

解説

　　本章將地上權分為普通地上權及區分地上權二節，本條至第841條為有關普通地上權之規定。而本條係關於普通地上權之定義性規定，故仍表明「普通地上權」之文字。至於本節以下各條規定中所稱之「地上權」，既規定於同一節內，當然係指「普通地上權」而言。

　　物權編已增訂第四章之一「農育權」，其內容包括以種植竹木為目的，在他人之土地為使用、收益之情形。為避免地上權與農育權之內容重複，爰將本條「或竹木」三字刪除，俾地上權之使用土地目的僅限於有建築物或其他工作物。又當事人間為上開目的約定已構成地上權之內容，地政機關於辦理登記時，宜將該設定目的予以配合登記。

地上權之範圍依原規定「……以在他人土地上……」等文字觀之，易使人誤解為僅限於在土地之上設定，惟學者通說及實務上見解均認為在土地上空或地下均得設定。爰將「土地上」修正為「土地之上下」，以期明確。

普通地上權存在於他人土地上、上空或地下之物權，且以有建築物或其他工作物為目的，而利用他人土地之物權。地上權存續期間法律未予限制，與租賃權不得逾二十年有所不同，無工作物存在，亦可設定地上權，而後興建工作物，且地上權可不因工作物滅失而消滅。

實例

甲政府需在乙地上蓋高架捷運，在其地下建隧道，甲可否在乙土地上空及地下設定地上權？

由於科技及建築之進步，土地之利用逐漸立體化。在土地上空或地下均得設定地上權，以達地盡其用及經濟之進步。

甲政府需在乙地上蓋高架捷運得設定於乙土地上空一定之高度、面積設定地上權，如上空20公尺，面積100坪，在此設定範圍，乙不得使用土地之上空，由甲政府利用該地上權蓋高架捷運。但乙仍可在平面土地上使用其土地，例如蓋屋、停車、種樹等，其高度不得超過上該高度20公尺之約定。

甲政府需乙土地下建隧道亦得設定一定之範圍，如地下30公尺，面積200坪，在此範圍內由甲政府行使地上權建隧道使用。乙在自己土地蓋屋，地下不得深入30公尺，否則即損及甲政府隧道地上權之行使。當然，在具體約定地上權設定時，雙方會考慮建築技術，如何避免乙方建屋時影響上空高架捷運及地下隧道之安全。

第833條（刪除）

第833條之1（地上權之存續期間與終止）
地上權未定有期限者，存續期間逾二十年或地上權成立之目的已不存在時，法院得因當事人之請求，斟酌地上權成立之目的、建築物或工作物之種類、性質及利用狀況等情形，定其存續期間或終止其地上權。

解說

地上權雖未定有期限，但非有相當之存續期間，難達土地利用之目的，不足以發揮地上權之社會機能。又因科技進步，建築物或工作物之使用年限有日漸延長趨勢，為發揮經濟效用，兼顧土地所有人與地上權人之利益，爰明定土地所有人或地上權人均得於逾二十年後，請求法院斟酌地上權成立之目的、建築物或工作物之各種狀況而定地上權之存續期間；或於地上權成立之目的不存在時，法院得終止其地上權。又此項請求係變更原物權之內容，性質上為形成之訴，應以形成判決為之。若地上權經設定抵押權者，法院得依民事訴訟法第67條之1規定告知參加訴訟，以保障抵押權人之權益，併予敘明。

民法物權編施行法第13條之1規定，民法第833條之1有關地上權未定有期限者，法院得因當事人之請求約定其存續期間或終止地上權之規定，更足以增進社會福祉，使其具有溯及效力。上開溯及效力，限於地上權未定有期限之情形，存續期間逾二十年或地上權成立目的已不存在之情形，無溯及效力。

當事人約定地上權為「無期限」，解釋上為永久期限，並非未定有存續期間。若期限欄為空白，則為未定有存續期間。

第833條之2（公共建設之地上權存續期限）

以公共建設為目的而成立之地上權，未定有期限者，以該建設使用目的完畢時，視為地上權之存續期限。

解說

按以公共建設（例如大眾捷運、高速鐵路等）為目的而成立之地上權，以該建設使用目的完畢時，視為其存續期限。

所謂使用目的完畢，並非以不堪使用為標準，以大眾捷運為例，如不再使用捷運則其使用目的已完畢，地上權存續期限屆滿。

本條為不確定期限之地上權，為第833條之1特別規定，應優先適用本條，使公共建設達成目的，庶免無約定期限被終止地上權，而影響公眾權益。

第834條（地上權人之拋棄權利）

地上權無支付地租之約定者，地上權人得隨時拋棄其權利。

解說

無支付地租之地上權，無論是否定有期限，地上權人拋棄其權利，對於土地所有人有利而無害。又從保障土地所有人之利益言，縱有不同之習慣，亦無規定之必要。

不管地上權有無約定期限或永久期限，只要是無支付地租之約定，地上權人得隨時意思表示向土地所有人拋棄，且需辦理地上權塗銷登記，方生拋棄之效力，塗銷地上權登記，地上權人單獨聲請，毋需土地所有人配合。

第835條（地上權拋棄時應盡之義務及保障）
地上權定有期限，而有支付地租之約定者，地上權人得支付未到期之三年分地租後，拋棄其權利。
地上權未定有期限，而有支付地租之約定者，地上權人拋棄權利時，應於一年前通知土地所有人，或支付未到期之一年分地租。
因不可歸責於地上權人之事由，致土地不能達原來使用之目的時，地上權人於支付前二項地租二分之一後，得拋棄其權利；其因可歸責於土地所有人之事由，致土地不能達原來使用之目的時，地上權人亦得拋棄其權利，並免支付地租。

解說

　　支付地租而定有期限之地上權，於地上權人拋棄其權利時，對土地所有人而言，較諸支付地租而未定有期限之地上權人拋棄權利之影響為大，為保障其利益，明定地上權人須支付未到期之三年分地租後，始得拋棄其權利。至殘餘之地上權期限不滿三年者，即無此項規定之適用，僅應支付殘餘期間之地租，自不待言。

　　支付地租而未定有期限之地上權人，應於一年前通知土地所有人，或支付未到期之一年分地租後，始得拋棄其權利。

　　地上權旨在充分使用土地，如因不可歸責於地上權人之事由，致不能達原來使用土地之目的時，應許地上權人拋棄其權利。惟如仍依上開規定始得拋棄，未免過苛，為兼顧土地所有人及地上權人雙方之利益，其危險應由雙方平均負擔。至土地所有人因負有消極容忍地上權人使用土地之義務，是以如因可歸責於土地所有人之事由，致不能達地上權原來使用土地之目的時，地上權人已無法行使權利，此際應許其免支付地租，無

115

條件拋棄地上權，始為公允。

準此規定，有地租之地上權，地上權人拋棄地上權時，應與土地所有人共同申請塗銷登記，有抵押權之地上權，塗銷時須抵押權人同意。

黃毛將土地設定地上權予魏晉蓋房屋，並辦理地上權登記完畢。黃毛將土地售予張郎，且過戶完畢。問魏晉可否主張該土地所有權移轉登記無效？

依土地法第104條規定，基地出賣時，地上權人有依同樣條件優先購買之權，出賣人未通知優先權人而與第三人訂立買賣契約者，其契約不得對抗優先購買權人。本件土地買賣，黃毛未通知魏晉，魏晉可主張黃毛與張郎之所有權移轉登記無效，而訴請塗銷登記。該優先承買權具有相對的物權效力，與土地法第34條之1共有人出賣應有部分，其他共有人之優先承買權，具有債權性質有所不同，共有人未踐行通知義務，對其他共有人僅生損害賠償責任，其處分應有部分仍屬有效，其他共有人不得訴請塗銷登記。

第835條之1（地租給付之公平原則）
地上權設定後，因土地價值之昇降，依原定地租給付顯失公平者，當事人得請求法院增減之。
未定有地租之地上權，如因土地之負擔增加，非當時所得預料，仍無償使用顯失公平者，土地所有人得請求法院酌定其地租。

解說

　　土地之價值，在社會經濟有變遷之情形下，常多變動，如於地上權設定後，因土地價值之昇降，地上權人給付原定地租，依一般觀念顯然不公平，為保障雙方當事人之權益，並避免爭議，由當事人提起民事訴訟，請求法院以判決增減其地租，以期允當。

　　未定有地租之地上權，如因土地所有人就土地之租稅及其他費用等負擔增加，而非設定地上權當時所得預料者，如仍令土地所有人單獨負擔，顯失公平，基於情事變更法則，土地所有人亦得提起民事訴訟，請求法院酌定地租。

　　未定有地租之地上權，不管是否定有存續期間或永久期間，土地之價值變化，非當時所預見，土地所有人得請求酌定地租。

第836條（終止地上權之使用）

地上權人積欠地租達二年之總額，除另有習慣外，土地所有人得定相當期限催告地上權人支付地租，如地上權人於期限內不為支付，土地所有人得終止地上權。地上權經設定抵押權者，並應同時將該催告之事實通知抵押權人。

地租之約定經登記者，地上權讓與時，前地上權人積欠之地租應併同計算。受讓人就前地上權人積欠之地租，應與讓與人連帶負清償責任。

第一項終止，應向地上權人以意思表示為之。

解說

　　地上權人積欠地租達二年之總額，土地所有人終止地上權前，仍應踐行定期催告程序，以兼顧地上權人之利益，最高法院68年台上字第777號判例著有明文。地上權經設定抵押權者，為保障抵押權人之權益，土地所有人於催告地上權人時，應同時將催告之事實通知抵押權人，俾抵押權人得以利害關係人之身分代位清償，使地上權不被終止。土地所有人如違反本條規定不予通知時，則對抵押權人因此所受之損害，應負損害賠償之責。

　　又地上權有地租之約定經登記者，因該地租已為地上權之內容，具有物權效力。地上權讓與時，受讓人即應合併計算讓與人所欠租額，並與其連帶負清償責任，以保障土地所有人之權益。惟受讓人就前地上權人積欠之地租清償後，得否向該前地上權人求償，則依其內部關係定之。如地租之約定未經登記者，則僅發生債之關係，地上權讓與時，該地租債務並不當然由受讓人承擔。

　　所謂地租欠二年之總額，不以連續為必要，若四年為一期之地租，則欠一期已達二年總額之規定，土地所有人催告後，地上權人不為給付，土地所有人有終止權。終止後仍須辦理塗銷地上權登記，始生消滅效力。

第836條之1（地租之登記對抗效力）
土地所有權讓與時，已預付之地租，非經登記，不得對抗第三人。

解說

地上權有地租之約定，而其預付地租之事實經登記者，方能發生物權效力，足以對抗第三人，故土地及地上權之受讓人或其他第三人（例如抵押權人），當受其拘束。至於未經登記者，僅發生債之效力，地上權人仍應向受讓人支付地租，惟其得向讓與人請求返還該預付部分。預付之地租已辦理登記，成為地上權之內容，具有物權效力，得對抗第三人，預付部分，無需再支付地租予受讓土地之第三人。

第836條之2（地上權人之義務）
地上權人應依設定之目的及約定之使用方法，為土地之使用收益；未約定使用方法者，應依土地之性質為之，並均應保持其得永續利用。
前項約定之使用方法，非經登記，不得對抗第三人。

解說

土地是人類生存之重要資源，土地之物盡其用與其本質維護，俾得永續利用，應力求其平衡。地上權人使用土地不僅應依其設定之目的及約定之方法為之，且應保持土地之本質，不得為使其不能回復原狀之變更、過度利用或戕害其自我更新能力，以維護土地資源之永續利用。

若地上權有約定之使用方法者，其約定須經登記，方能構成地上權之內容，發生物權效力，足以對抗第三人，故土地及地上權之受讓人或其他第三人（例如抵押權人），當受其拘束。地租若未登記，僅當事人間發生債權效力，登記始生物權

對抗第三人效力。

第836條之3（地上權之終止）
地上權人違反前條第一項規定，經土地所有人阻止而仍繼續
為之者，土地所有人得終止地上權。地上權經設定抵押權
者，並應同時將該阻止之事實通知抵押權人。

解說
　　地上權人使用土地如有違反前條第1項規定之情事者，應
使土地所有人有阻止之權。如經阻止而仍繼續為之者，並使其
有終止地上權之權，以維護土地資源之永續性及土地所有人之
權益，土地所有人得終止地上權。若地上權經設定抵押權者，
為保障抵押權人之權益，土地所有人於阻止地上權人時，應同
時將該阻止之事實通知抵押權人。土地所有人終止之意思表示
需向地上權人為之，不需向抵押權人表示，但需告知抵押權人
地上權人阻止之事實。地上權塗銷登記後，抵押權一併消滅。
　　地上權不管是因終止或期限屆滿而消滅，地上權人有塗銷
登記及返還土地之義務，地上權人不履行，土地所有人依民法
第767條得訴請塗銷及交付土地。

第837條（地上權租金繳納義務）
地上權人縱因不可抗力，妨礙其土地之使用，不得請求免除
或減少租金。

解說

　　地上權存續期間一般較長，雖一時不可抗力（如颱風、地震）因素，妨礙土地的使用，但他日仍可以回復，不許地上權人請求免除地租或減少租金，以保護土地所有人的利益。

第838條（地上權之讓與）
地上權人得將權利讓與他人或設定抵押權。但契約另有約定或另有習慣者，不在此限。
前項約定，非經登記，不得對抗第三人。
地上權與其建築物或其他工作物，不得分離而為讓與或設定其他權利。

解說

　　地上權為財產權之一種，依其性質，地上權人原則上得自由處分其權利，亦得以其權利設定抵押權，以供擔保債務之履行。

　　上開約定經登記者，方能發生物權效力，足以對抗第三人，故土地及地上權之受讓人或其他第三人（例如抵押權人），當受其拘束。

　　地上權之社會作用，係在調和土地與地上物間之使用關係，建築物或其他工作物通常不能脫離土地而存在，兩者必須相互結合，方能發揮其經濟作用。故地上權與其建築物或其他工作物之讓與或設定其他權利，應同時為之，以免地上物失其存在之權源，有違地上權設置之目的。

　　準此，地上權人讓與或處分行為違反上開規定，將地上權

及建築物分離讓與或設定權利時，自始無效。

第838條之1（法定地上權）

土地及其土地上之建築物，同屬於一人所有，因強制執行之拍賣，其土地與建築物之拍定人各異時，視為已有地上權之設定，其地租、期間及範圍由當事人協議定之；不能協議者，得請求法院以判決定之。其僅以土地或建築物為拍賣時，亦同。

前項地上權，因建築物之滅失而消滅。

解說

　　土地及其土地上之建築物，同屬於一人所有，宜將土地及其建築物，併予查封、拍賣，為強制執行法第75條第3項、辦理強制執行事件應行注意事項四十（七）所明定。如未併予拍賣，致土地與其建築物之拍定人各異時，因無從期待當事人依私法自治原則洽定土地使用權，為解決基地使用權問題，自應擬制當事人有設定地權之意思，以避免建築物被拆除，危及社會經濟利益，明定此時視為已有地上權之設定。惟其地租、期間及範圍，宜由當事人協議定之；如不能協議時，始請求法院以判決定之。如土地及其土地上之建築物同屬一人所有，執行法院僅就土地或建築物拍賣時，依前述同一理由，亦宜使其發生法定地上權之效力。

　　法定地上權係為維護土地上之建築物之存在而設，而該建築物於當事人協議或法院判決所定期間內滅失時，即無保護之必要（最高法院85年台上字第447號判例參照）。

　　準此，地上權之取得除了法律行為，如地上權之設定、因基地租賃所產生之地上權設定、地上權之讓與；或法律行為外，如繼承法定地上權，如果拍賣時，土地及其上建築物屬不同人所有，不管僅拍賣土地或建築物，或兩者均拍賣，無法定地上權之適用。

第839條（工作物之取回權）

地上權消滅時，地上權人得取回其工作物。但應回復土地原狀。

地上權人不於地上權消滅後一個月內取回其工作物者，工作物歸屬於土地所有人。其有礙於土地之利用者，土地所有人得請求回復原狀。

地上權人取回其工作物前，應通知土地所有人。土地所有人願以時價購買者，地上權人非有正當理由，不得拒絕。

解說

　　地上權消滅時，地上權人有取回其工作物之權利。惟地上權人如不欲行使取回權時，工作物如有礙土地之利用，為兼顧土地所有人之權益，土地所有人得請求地上權人回復原狀。

　　為促使土地所有人早日知悉地上權人是否行使取回權，明定地上權人取回其工作物前，有通知土地所有人之義務。又土地所有人欲行使購買權時，地上權人非有正當理由，不得拒絕。

　　地上權消滅，不問期限屆滿消滅、或土地所有人終止而消滅、或地上權人拋棄而消滅，地上權人均有取回工作物之權

利，但有回復原狀之義務。

　　地上權人未於消滅後一個月內取回其工作物者，工作物所有權歸土地所有人，不需辦理所有權移轉登記。土地所有人認為工作物無價值有礙於土地之利用，得請求地上權人回復原狀。

第840條（建築物之補償）
地上權人之工作物為建築物者，如地上權因存續期間屆滿而消滅，地上權人得於期間屆滿前，定一個月以上之期間，請求土地所有人按該建築物之時價為補償。但契約另有約定者，從其約定。
土地所有人拒絕地上權人前項補償之請求或於期間內不為確答者，地上權之期間應酌量延長之。地上權人不願延長者，不得請求前項之補償。
第一項之時價不能協議者，地上權人或土地所有人得聲請法院裁定之。土地所有人不願依裁定之時價補償者，適用前項規定。
依第二項規定延長期間者，其期間由土地所有人與地上權人協議定之；不能協議者，得請求法院斟酌建築物與土地使用之利益，以判決定之。
前項期間屆滿後，除經土地所有人與地上權人協議者外，不適用第一項及第二項規定。

解說
　　地上權人之工作物為建築物者，如地上權因存續期間屆滿

而歸消滅，究由土地所有人購買該建築物，抑或延長地上權期間，宜儘速確定，俾該建築物能繼續發揮其社會經濟功能，明定「地上權人得於期間屆滿前，定一個月以上之期間，請求土地所有人按該該建築物之時價為補償」。至於地上權人所定一個月以上期間之末日，不得在地上權存續期間屆滿之日之後，是乃當然之理。

為維持建築物之社會經濟功能，兼顧地上權人之利益，並迅速確定其法律關係，明定「土地所有人拒絕地上權人前項補償之請求或於期間內不為確答者，地上權之期間應酌量延長之」，使地上權期間當然接續原存續期間而延長，僅生應延長期間之長短問題。

如土地所有人願按該建築物之時價補償，由地上權人與土地所有人協議定之；於不能協議時，地上權人或土地所有人得聲請法院為時價之裁定。如土地所有人不願依裁定之時價補償時，適用第2項規定酌量延長地上權之期間。至於上述聲請法院為時價之裁定，性質上係非訟事件（如同非訟事件法第182條第1項有關收買股份價格之裁定）。

依第2項規定地上權應延長期間者，其延長之期間，亦由土地所有人與地上權人協議定之；於不能協議時，土地所有人或地上權人得請求法院斟酌建築物與土地使用之利益，以判決酌定延長期間。又此項請求，應依民事訴訟程序行之，性質上係形成之訴，法院酌定期間之判決，為形成判決。

延長期間，以一次為限，故於延長之期間屆滿後，不再適用第1項及第2項規定，俾免地上權期間反覆綿延；但如土地所有人與地上權人另達成協議延長地上權期間者，當尊重其協議。

至地上權非因存續期間屆滿而消滅者，因建築物屬工作物之一種，應回歸第839條之適用。

準此規定，地上權之建築物須因存續期間屆滿致地上權消滅，始得請求土地所有人補償，如其他原因消滅，例如欠租而被終止或地上權拋棄消滅，不適用之。

又地上權人請求土地所有權人按建築物之時價補償與土地所有人請求塗銷地上權登記，並無對價關係，不能行使同時履行抗辯權。

第841條（地上權之永續性）
地上權不因建築物或其他工作物之滅失而消滅。

解說

地上權著重於使用他人之土地，地上之工作物有無與地上權存續無關。因此，建築物或工作物即使滅失，地上權仍不受影響，依然存在。

第二節　區分地上權

第841條之1（區分地上權之定義）
稱區分地上權者，謂以在他人土地上下之一定空間範圍內設定之地上權。

解說

　　由於人類文明之進步，科技與建築技術日新月異，土地之利用已不再侷限於地面，而逐漸向空中與地下發展，由平面化而趨於立體化，遂產生土地分層利用之結果，有承認土地上下一定空間範圍內設定地上權之必要。本條至第841條之6為有關區分地上權之規定。而本條係關於區分地上權之定義性規定。

　　例如，土地所有人得將土地上空50至100公尺設定地上權予甲，將土地設定地上權予乙，將土地下方50至100公尺設定地上權予丙，該土地上方、土地上及下方，均有地上權，充分發揮土地之功能。

第841條之2（區分地上權人使用收益之約定）

區分地上權人得與其設定之土地上下有使用、收益權利之人，約定相互間使用收益之限制。其約定未經土地所有人同意者，於使用收益權消滅時，土地所有人不受該約定之拘束。

前項約定，非經登記，不得對抗第三人。

解說

　　區分地上權呈現垂直鄰接狀態，具有垂直重力作用之特性，與平面相鄰關係不同。為解決區分地上權人與就其設定範圍外上下四周之該土地享有使用、收益權利之人相互間之權利義務關係，第1項前段明定得約定相互間使用收益之限制。此項限制，包括限制土地所有人對土地之使用收益，例如約定土地所有人於地面上不得設置若干噸以上重量之工作物或區分地

上權人工作物之重量範圍等是。又與土地所有人約定時，土地所有權人自應受該約定之拘束，僅於與其他使用權人約定時，始發生該約定是否須經土地所有人同意及對其發生效力與否之問題，爰增訂後段規定。至所謂使用收益權，包括區分地上權與普通地上權均屬之。

又前項約定經登記者，方能發生物權效力，足以對抗第三人，故土地及地上權之受讓人或其他第三人（例如抵押權人），當受其拘束。

所謂土地上下有使用、收益權利之人，例如土地所有人、承租人、借用人；使用收益之限制，如不得在土地上堆置雜物、石頭、磚塊。惟物權之設定、讓與或出租，不許約定限制，因上開權利為土地所有人固有之權利，非使用收益可約定之限制。

第841條之3（第三人利益之斟酌）

法院依第八百四十條第四項定區分地上權之期間，足以影響第三人之權利者，應併斟酌該第三人之利益。

解說

區分地上權如為第三人之權利標的或第三人有使用收益權者，法院依第840條第4項定該地上權延長之期間時，勢必影響該第三人之權利，為兼顧該第三人之權益，法院應併斟酌其利益，以期允當。

所謂第三人指區分地上權用益權行使受限制之人、用益物權人或承租人。

第841條之4（第三人之補償）
區分地上權依第八百四十條規定，以時價補償或延長期間，足以影響第三人之權利時，應對該第三人為相當之補償。補償之數額以協議定之；不能協議時，得聲請法院裁定之。

解說

　　區分地上權之工作物為建築物，依第840條規定以時價補償或延長期間，足以影響第三人之權利時，例如同意設定區分地上權之第三人或相鄰之區分地上權人，其權利原處於睡眠狀態或受限制之情況下，將因上開情形而受影響等是，基於公平原則，應由土地所有人或區分地上權人對該第三人為相當之補償。補償之數額宜由當事人以協議方式行之；如不能協議時，始聲請法院裁定，此裁定性質上屬非訟事件。

第841條之5（權利行使之限制）
同一土地有區分地上權與以使用收益為目的之物權同時存在者，其後設定物權之權利行使，不得妨害先設定之物權。

解說

　　基於區分地上權係就土地分層立體使用之特質，自不宜拘泥於用益物權之排他效力，是土地所有人於同一土地設定區分地上權後，宜許其得再設定用益物權（包括區分地上權）；反之亦然，以達土地充分利用之目的。此際，同一不動產上用益物權與區分地上權同時存在，自應依設定時間之先後，定其優先效力，亦即後設定之區分地上權或其他用益物權不得妨害先

129

設定之其他用益物權或區分地上權之權利行使。又區分地上權
（或用益物權）若係獲得先存在之用益物權（或區分地上權）
人之同意而設定者，後設定之區分地上權（或用益物權）則得
優先於先物權行使權利，蓋先物權人既已同意後物權之設定，
先物權應因此而受限制。再所謂同一土地，乃指同一範圍內之
土地，要屬當然，併予敘明。

第841條之6（區分地上權規定之準用）
區分地上權，除本節另有規定外，準用關於普通地上權之規
定。

解說

關於普通地上權之規定，依其性質與區分地上權不相牴觸
者，皆在適用之列，以期周延。例如區分地上權消滅時，區分
地上權人負有回復原狀之義務，第839條準用之。

|第四章|
永佃權（刪除）

本章係99年1月5日立法院通過刪除之理由如下：永佃權之設定，將造成土地所有人與使用人永久分離，影響農地之合理利用。且目前實務上各地政事務所受理永佃權設定登記案件甚少，且部分案件係基於為保障抵押權或保障農地所有權移轉之權利而設定，已扭轉永佃權之本旨，足見永佃權之規定已無存在之價值，且按民法物權編施行法第13條之2明定為過渡條款，故刪除本章規定，對於修正施行前已發生之永佃權，無任何影響。

第842條至第850條（刪除）

第四章之一
農育權

第850條之1（農育權之定義）

稱農育權者，謂在他人土地為農作、森林、養殖、畜牧、種植竹木或保育之權。

農育權之期限，不得逾二十年；逾二十年者，縮短為二十年。但以造林、保育為目的或法令另有規定者，不在此限。

解說

參酌我國農業政策、資源永續利用及物盡其用之本法物權編修正主軸，增訂本章，以建立完整之用益物權體系，並符實際需要。又此項新設物權係以農業使用及土地保育為其重要內容，且單純之種植竹木，未達森林之程度，亦非農業使用所能涵蓋，爰名為「農育權」，俾求名實相符。

本條規定農育權之意義。其內容參考農業發展條例第3條第12款規定為：一、農育權係存在於他人土地之用益物權。二、農育權係以農作、森林、養殖、畜牧、種植竹木或保育為目的之物權，使用上並包括為達成上開目的所設置、維持之相關農業設施。所謂「森林」，依森林法第3條第1項規定，指林地及其群生竹、木之總稱，與「種植竹木」二者程度容有差異，爰併列為農育權設定目的之一。又當事人間為上開目的之

約定，已構成農育權之內容，地政機關於辦理農育權登記時，宜將該農育權之設定目的予以配合登記。

　　農育權之期限如過於長久，將有害於公益，經斟酌農業發展、經濟利益及實務狀況等因素，認以二十年為當。如訂約期間超過二十年者，亦縮短為二十年。但以造林、保育為目的，實務上須逾二十年始能達其目的者，事所恆有，或法令另有規定之情形時，為期顧及事實，爰增訂第2項但書。

　　農育權得為有償或無償，不以支付地租為必要，以造材、保育或法令另有規定者，得為永久農育權，不受二十年之限制。

　　農育權之取得不外當事人約定，並登記、讓與、繼承或時效取得，不以農地為唯一客體。

第850條之2 （農育權之終止）

農育權未定有期限時，除以造林、保育為目的者外，當事人得隨時終止之。

前項終止，應於六個月前通知他方當事人。

第八百三十三條之一規定，於農育權以造林、保育為目的而未定有期限者準用之。

解說

　　按農育權未定有期限者，除以造林、保育為目的之農育權外，當事人自得隨時終止，惟為兼顧土地所有人與農育權人利益，參考農業發展條例第21條第3項規定，應於六個月前通知他方當事人。又依第1項規定得使農育權消滅者，包括土地所

有人及農育權人，故明定當事人均有此項終止權。

　　至於農育權以造林、保育為目的而未定有期限者，非有相當之存續期間，難達土地利用之目的，明定土地所有人或農育權人得請求法院斟酌造林或保育之各種狀況而定農育權之存續期間；或於造林、保育之目的不存在時，法院得終止其農育權。又此項請求係變更原物權之內容，性質上為形成之訴，應以形成判決為之。

　　定有期限之農育權，除以造材保育為目的外，欠租達二年之總額者，始可終止農育權；未定期限者，不問有無欠租，得隨時終止，但需行六個月前通知對方。

第850條之3（農育權之讓與）
農育權人得將其權利讓與他人或設定抵押權。但契約另有約定或另有習慣者，不在此限。
前項約定，非經登記不得對抗第三人。
農育權與其農育工作物不得分離而為讓與或設定其他權利。

解說

　　本條新增理由如下：

一、農育權為財產權之一種，依其性質，農育權人原則上得自由處分其權利，亦得以其權利設定抵押權，以供擔保債務之履行。惟契約另有約定或另有習慣者，則應從其約定或習慣，以示限制，爰增訂第1項。

二、前項約定經登記者，方能構成農育權之內容，發生物權效力，始足以對抗第三人，故土地及農育權之受讓人或其他

第三人（例如抵押權人），當受其拘束，爰增訂第2項。

三、因農育權而設置於土地上之農育工作物，例如水塔、倉庫等，應與農育權相互結合，始能發揮其經濟作用。為避免該權利與其農育工作物之使用割裂，於第3項明定二者不得分離而為讓與或設定其他權利，例如農育工作物不得單獨設定典權是。

四、準此規定，如契約約定禁止讓與或設定抵押，如未登記，僅生債權效力，未成為物權內容，不生對抗第三人效力；如習慣不得讓與或抵押，不待登記即發生物權效力。

第850條之4（農育權之終止）

農育權有支付地租之約定者，農育權人因不可抗力致收益減少或全無時，得請求減免其地租或變更原約定土地使用之目的。

前項情形，農育權人不能依原約定目的使用者，當事人得終止之。

前項關於土地所有人得行使終止權之規定，於農育權無支付地租之約定者，準用之。

解說

　　農育權人在他人之土地為農作、森林、養殖、畜牧或種植竹木等收益，通常情形雖可預期，然若遭遇不可抗力，致其原約定目的之收益減少或全無者，事所恆有。例如耕作因天旱水災，皆屬不可抗力，此種收益減少或全無之事實，既非農育權人故意或過失所致，於有支付地租約定之農育權，若仍令其依

原約定給付全額地租，有失公平。又土地設定農育權之用途不止一端，雖因不可抗力致其原約定目的之收益減少或全無，惟農育權人如變更原約定土地使用之目的仍可繼續使用該土地回復原來之收益者，如原約定之目的為養殖，如因缺水而不能養殖，惟仍可作為畜牧使用而回復原來之收益，此種情形，宜許其有請求變更之權，俾求地盡其利。又本項所定農育權人之減免地租請求權，一經行使，即生減免地租之效果，應屬形成權之性質（最高法院71年台上字第2996號判例意旨參照）。

至農育權人如因不可抗力致不能依原約定之目的使用時，有違農育權設定之目的，為兼顧農育權人及土地所有人雙方之利益，此種情形農育權人及土地所有人均得終止農育權，俾使土地資源得另作合理之規劃。

無約定支付地租之農育權者，如因不可抗力致不能依原約定之目的使用時，農育權人可依第850條之9準用第834條規定，隨時使其權利消滅。此際另應賦予土地所有人亦得終止農育權，以兼顧土地所有人之利益。

符合本條要件，經農育權人向土地所有人為減免或變更之意思表示，即生減免或變更之效力，如有爭議，訴請法院判決。

第850條之5（農育權之終止）
農育權人不得將土地或農育工作物出租於他人。但農育工作物之出租另有習慣者，從其習慣。
農育權人違反前項規定者，土地所有人得終止農育權。

解說

土地所有人設定農育權於農育權人，多置重於農育權人能有效使用其土地。如農育權人不自行使用土地或設置於土地上之農育工作物，而以之出租於他人，使農地利用關係複雜化，並與土地所有人同意設定農育權之原意不符，爰於第1項，明定禁止出租之限制。但關於農育工作物之出租另有習慣者，例如倉庫之短期出租等是，自宜從其習慣。

第2項明定農育權人違反前項規定之效果，土地所有人得終止農育權。

依農業發展條例第3條第15款規定，農育權人將土地全部或一部委託代耕者，不視為轉租，土地所有人不得以此為由終止農育權。

第850條之6（農育權人之義務）

農育權人應依設定之目的及約定之方法，為土地之使用收益；未約定使用方法者，應依土地之性質為之，並均應保持其生產力或得永續利用。

農育權人違反前項規定，經土地所有人阻止而仍繼續為之者，土地所有人得終止農育權。農育權經設定抵押權者，並應同時將該阻止之事實通知抵押權人。

解說

土地是人類生存之重要自然資源，農育權本即以土地之農業生產或土地保育為其內容，故一方面應物盡其用，他方面則應維護土地之本質，保持其生產力，俾得永續利用。農育權人

使用土地不僅應依其設定之目的及約定之方法為之，且應保持土地之生產力；土地之使用不得為使其不能回復原狀之變更、過度利用或戕害其自我更新能力，以避免自然資源之枯竭，例如某種殺蟲劑或除草劑之過度、連年使用，有害土地之自我更新能力時，即不得任意施用等，方符農育權以農業使用或保育為內容之本質。至所謂設定之目的，係指第850條之1第1項所定農作、森林、養殖、畜牧、種植竹木或保育等目的而言。

　　農育權人違反前項義務，經土地所有人阻止而仍繼續者，為達地盡其利之目的，並兼顧農育權人與土地所有人間利益之平衡，於第2項前段，明定土地所有人得終止農育權。若農育權經設定抵押權者，為保障抵押權人之權益，於第2項後段明定。

第850條之7（生產物及農育工作物之取回）
農育權消滅時，農育權人得取回其土地上之出產物及農育工作物。
第八百三十九條規定，於前項情形準用之。
第一項之出產物未及收穫而土地所有人又不願以時價購買者，農育權人得請求延長農育權期間至出產物可收穫時為止，土地所有人不得拒絕。但延長之期限，不得逾六個月。

解說

　　本條新增理由如下：

　　依本法第66條第2項規定，不動產之出產物，尚未分離者，為該不動產之部分。惟土地上之出產物，為農育權人花費

勞力或資金之所得；農育工作物，如係農育權人因實現農育權而設置，皆宜於農育權消滅時由農育權人收回，始合乎情理。

　　農育權人於取回前項之出產物及工作物時應盡之義務，及不取回時該物之歸屬等，準用第839條有關地上權之規定。

　　農育權消滅時，土地上之出產物因尚未成熟而未及收穫，土地所有人又不願以時價購買者，應許農育權人得請求延長農育權期間至該出產物可收穫時為止，土地所有人不得拒絕，俾保障農育權人之權益，惟其期間最長不得逾六個月。

　　故如土地上生產物在農育權消滅之前，非當期生產，無本條之適用。

第850條之8（特別改良）

農育權人得為增加土地生產力或使用便利之特別改良。

農育權人將前項特別改良事項及費用數額，以書面通知土地所有人，土地所有人於收受通知後不即為反對之表示者，農育權人於農育權消滅時，得請求土地所有人返還特別改良費用。但以其現存之增價額為限。

前項請求權，因二年間不行使而消滅。

解說

　　農育權人於保持土地原有性質及效能外，其因增加勞力、資本，致增加土地生產力或使用上之便利，為土地特別改良，可增進土地利用及土地生產之增加。

　　為調整農育權人與土地所有人財產損益變動，農育權人自得向土地所有人請求返還特別改良事項費用，但其費用之返

還，須農育權人曾以書面將特別改良事項及費用數額通知土地所有人，土地所有人於收受通知後不即為反對之表示，且農育權消滅時現存之增價額為限，始得請求返還，以兼顧雙方當事人權益之保障。

為使法律關係得以從速確定，規定費用返還請求權時效為二年。

第850條之9（農育權規定之準用）
第八百三十四條、第八百三十五條第一項、第二項、第八百三十五條之一至第八百三十六條之一、第八百三十六條之二第二項規定，於農育權準用之。

解說

農育權與地上權均為使用他人土地之物權，性質近似，爰明定準用條文。

第五章

不動產役權

第851條（不動產役權之定義）

稱不動產役權者，謂以他人不動產供自己不動產通行、汲水、採光、眺望、電信或其他以特定便宜之用為目的之權。

解說

原地役權規定係以供役地供需役地便宜之用為內容。惟隨社會之進步，不動產役權之內容變化多端，具有多樣性，原規定僅限於土地之利用關係已難滿足實際需要。為發揮不動產役權之功能，促進土地及其定著物之利用價值，此次修正將「土地」修正為「不動產」。

不動產役權係以他人之不動產承受一定負擔以提高自己不動產利用價值之物權，具有以有限成本實現提升不動產資源利用效率之重要社會功能，然因原規定「便宜」一詞過於抽象及概括，不僅致社會未能充分利用，且登記上又僅以「地役權」登記之，而無便宜之具體內容，無從發揮公示之目的，爰明文例示不動產役權之便宜類型，以利社會之運用，並便於地政機關為便宜具體內容之登記。又法文所稱「通行、汲水」係積極不動產役權便宜類型之例示，凡不動產役權人得於供役不動產為一定行為者，均屬之；至「採光、眺望」則為消極不動

產役權便宜類型之例示，凡供役不動產所有人對需役不動產負有一定不作為之義務，均屬之。至「其他以特定便宜之用為目的」，則除上述二種類型以外之其他類型，例如「電信」依其態樣可能是積極或消極，或二者兼具，均依其特定之目的定其便宜之具體內容。不動產役權便宜之具體內容屬不動產役權之核心部分，基於物權之公示原則以及為保護交易之安全，地政機關自應配合辦理登記。

不動產役權之設定不管是有償或無償均可設定，不問是否必要之情形。土地已為公眾通行而有公用地役關係，不以登記為必要，因時效完成之故，所有權人不得將道路廢止，其有容忍他人通行之義務。

第851條之1（權利行使之限制）
同一不動產上有不動產役權與以使用收益為目的之物權同時存在者，其後設定物權之權利行使，不得妨害先設定之物權。

解說

不動產役權多不具獨占性，宜不拘泥於用益物權之排他效力，俾使物盡其用。準此，不動產所有人於其不動產先設定不動產役權後，無須得其同意，得再設定用益物權（包括不動產役權），反之亦然。此際，同一不動產上用益物權與不動產役權同時存在，自應依設定時間之先後，定其優先效力，亦即後設定之不動產役權或其他用益物權不得妨害先設定之其他用益物權或不動產役權之權利行使。又不動產役權（或用益物權）

若係獲得先存在之用益物權（或不動產役權）人之同意而設定者，後設定之不動產役權（或用益物權）則得優先於先物權行使權利，蓋先物權既已同意後物權之設定，先物權應因此而受限制。再所謂同一不動產，乃指同一範圍內之不動產。

第852條（取得時效）

不動產役權因時效而取得者，以繼續並表見者為限。

前項情形，需役不動產為共有者，共有人中一人之行為，或對於共有人中一人之行為，為他共有人之利益，亦生效力。

向行使不動產役權取得時效之各共有人為中斷時效之行為者，對全體共有人發生效力。

解說

　　需役不動產為共有者，可否因時效而取得不動產役權？再者，如數人共有需役不動產，其中部分需役不動產所有人終止通行，其餘需役不動產所有人是否因此而受影響？鑑於共有人間利害攸關，權利與共，第2項明定「共有人中一人之行為，或對於共有人中一人之行為，為他共有人之利益，亦生效力」。又本項中之「行為」係包括「作為」及「不作為」。

　　為對供役不動產所有人之衡平保護，如部分需役不動產共有人因行使不動產役權時效取得進行中者，則供役不動產所有人為時效中斷之行為時，僅需對行使不動產役權時效取得進行中之各共有人為之，不需擴及未行使之其他共有人，即對全體共有人發生效力；準此，中斷時效若非對行使不動產役權時效取得之共有人為之，自不能對他共有人發生效力。

如共有人四人，其中一人因時效取得不動產役權，其他三個共有人亦取得。但共有人依應有部分協議分管，就特定分管之不動產取得不動產役權，非及於全部共有人。

因時效取得不動產役權，僅有登記請求權，未登記前仍無對抗不動產所有人之權利。

第853條（不動產役權之從屬性）
不動產役權不得由需役不動產分離而為讓與，或為其他權利之標的物。

解說

不動產役權具有從屬性，因此，需役不動產所有人不得保留不動產，而將不動產役權讓與他人，相反地，亦不得保留不動產役權，而處分不動產所有權，亦不得將不動產所有權及不動產役權讓與不同之人，違反本條之規定，屬無效之行為。

第854條（不動產役權人之必要行為權）
不動產役權人因行使或維持其權利，得為必要之附隨行為。但應擇於供役不動產損害最少之處所及方法為之。

解說

不動產役權人為遂行其權利之目的，於行使其不動產役權或維持其不動產役權起見，有另須為必要行為時，學者有稱此必要行為為「附隨不動產役權」，並認為其與「主不動產役

權」同其命運。故此必要行為非指行使不動產役權之行為，乃行使不動產役權以外之另一概念，如汲水不動產役權於必要時，得為埋設涵管或通行之附隨行為，即其適例。

為達通行不動產役權之目的得開闢道路；為達汲水目的，得設暗房汲水。不動產役權人如因過失違反本規定時，應對不動產所有人負損害賠償之責。

第855條（設置之維持及使用）

不動產役權人因行使權利而為設置者，有維持其設置之義務；其設置由供役不動產所有人提供者，亦同。

供役不動產所有人於無礙不動產役權行使之範圍內，得使用前項之設置，並應按其受益之程度，分擔維持其設置之費用。

解說

為行使不動產役權而須使用工作物者，該工作物有由不動產役權人設置者；亦有由供役不動產所有人提供者。在該設置如由供役不動產所有人提供之情形，因其係為不動產役權人之利益，自應由不動產役權人負維持其設置之義務，始為平允。又不動產役權人既有維持其設置之義務，自係以自己費用為之，自屬當然。

準此，不動產役權人應負擔設置及維持之費用，如未盡此義務，致不動產所有人受損時，應負賠償責任。

第855條之1（得以自己費用請求變更）

供役不動產所有人或不動產役權人因行使不動產役權之處所或方法有變更之必要，而不甚妨礙不動產役權人或供役不動產所有人權利之行使者，得以自己之費用，請求變更之。

解說

　　設定不動產役權時，雖定有行使不動產役權之處所或方法，惟供役不動產所有人或不動產役權人認有變更之必要時，有無請求變更之權？學者通說採肯定見解。基於誠信原則，如其變更不甚妨礙不動產役權人或供役不動產所有人權利之行使，應許其有此請求權。但如對變更之處所或方法有爭議，或費用金額有爭執，得訴請法院判決。

第856條（不動產役權之不可分性——需役不動產分割之效力）

需役不動產經分割者，其不動產役權為各部分之利益仍為存續。但不動產役權之行使，依其性質祇關於需役不動產之一部分者，僅就該部分仍為存續。

解說

　　如甲地對乙地有通行不動產役權，甲地分割為A、B兩地，A、B兩地對乙地仍享有通行不動產役權，這就是不動產役權的不可分性。又如甲地對乙地的園庭有觀望不動產役權，乙地分割為A、B兩地，該園庭座落在A地，此時甲地就A地取得不動產役權，對B地則沒有觀望不動產役權，此為本條但書

規定只需役不動產一部分的情形，就該部分不動產役權存在，其他部分則消滅。

第857條（不動產役權之不可分性——供役不動產分割之效力）
供役不動產經分割者，不動產役權就其各部分仍為存續。但不動產役權之行使，依其性質祇關於供役不動產之一部分者，僅對於該部分仍為存續。

解說

　　如甲地對乙地有汲水不動產役權，後來乙地分割為A、B兩筆土地，甲地對A、B二土地仍有汲水不動產役權，不受分割的影響。但如果分割後A地有水井，B地沒有水井，則甲地對A地有汲水不動產役權，對B地的不動產役權消滅。

第858條（刪除）

第859條（不動產役權之宣告消滅）
不動產役權之全部或一部無存續之必要時，法院因供役不動產所有人之請求，得就其無存續必要之部分，宣告不動產役權消滅。
不動產役權因需役不動產滅失或不堪使用而消滅。

解說

不動產役權因情事變更致一部無存續必要之情形時，供役不動產所有人得請求法院就其無存續必要之部分，宣告不動產役權消滅，俾彈性運用，以符實際。又不動產役權原已支付對價者，不動產役權消滅時，不動產役權人得依不當得利之規定，向供役不動產所有人請求返還超過部分之對價。

不動產役權於需役不動產滅失或不堪使用時，於第2項明定上開情形其不動產役權當然消滅，毋待法院為形成判決之宣告。

法院判決確定時，無須塗銷不動產役權之登記，該不動產役權即消滅，若有需役不動產者，有回復原狀交還不動產之義務，而拒不交還時，土地所有人得訴請法院判決。

第859條之1（不動產役權規定之準用）
不動產役權消滅時，不動產役權人所為之設置，準用第八百三十九條規定。

解說

不動產役權消滅時，不動產役權人有無回復原狀之義務，以及其與供役不動產所有人間就不動產役權有關之設置，權利義務關係如何？爰參酌學者意見並斟酌實際需要，增訂準用規定。又本條之「設置」，係指不動產役權人為行使不動產役權而為之設置，應屬當然。所謂設置包括定著物或其他工作物。

第859條之2（不動產役權規定之準用）
第八百三十四條至第八百三十六條之三規定，於不動產役權
準用之。

解說

　　不動產役權與地上權均使用他人土地之物權，性質近似，
爰增訂本條。例如有對價之不動產役權，如不動產役權人欠租
達二年之總額，經催告不為給付，不動產所有人有終止不動產
役權之權。

第859條之3（其他不動產役權之設定）
基於以使用收益為目的之物權或租賃關係而使用需役不動產
者，亦得為該不動產設定不動產役權。
前項不動產役權，因以使用收益為目的之物權或租賃關係之
消滅而消滅。

解說

　　為發揮不動產役權之功能，增進土地及其定著物之價值，
得設定不動產役權之人，不限於需役不動產之所有人，地上權
人、其他基於以使用收益為目的之物權或租賃關係而使用需役
不動產者，亦得為之。
　　不動產役權乃基於以使用收益為目的之物權或租賃關係而
使用需役不動產者為自己使用需役不動產之利益而設定，其設
定又無須得到土地所有人之同意，是以，該不動產役權之存續
自應與原得使用需役不動產之權利同，使其隨原權利消滅而歸

於消滅。

　　所謂「基於使用收益為目的之物權」，指用益物權，包括地上權、農育權、典權、不動產役權。

第859條之4（自己不動產役權）
不動產役權，亦得就自己之不動產設定之。

解說

　　按原供役不動產僅限於對他人土地設定之，若供役不動產為需役不動產所有人所有，所有人本得在自己所有之不動產間，自由用益，尚無設定不動產役權之必要，且有權利義務混同之問題，是自己不動產役權承認與否，學說上不無爭議。然而隨社會進步，不動產資源有效運用之型態，日新月異，為提高不動產之價值，就大範圍土地之利用，對各宗不動產，以設定自己不動產役權方式，預為規劃，即可節省嗣後不動產交易之成本，並維持不動產利用關係穩定。例如建築商開發社區時，通常日後對不動產相互利用必涉及多數人，為建立社區之特殊風貌，預先設計建築之風格，並完整規劃各項公共設施，此際，以設定自己不動產役權方式呈現，遂有重大實益。對於自己不動產役權，德國學說及實務見解亦予以承認。為符合社會脈動，使物盡其用，並活絡不動產役權之運用，爰增設自己不動產役權之規定（瑞士民法第733條規定參照），以利適用。

　　準此，需役不動產與供役不動產設定登記時，應予以登記，且為物權因混同而消滅之例外規定。例如甲為樹立社區獨

特風格，將其所有A地規劃為歐式建築，B地為鄉村建築，C地為南洋式建築，D地為公園綠地及溫泉，以此內容設定不動產役權予自己，將來處分不動產時受讓人應受拘束，不得任意變更，以此，建立該社區之獨特風貌。

第859條之5（不動產役權規定之準用）
第八百五十一條至第八百五十九條之二規定，於前二條準用之。

解說

　　基於以使用收益為目的之物權或租賃關係而使用需役不動產者，為該不動產設定之不動產役權，以及自己不動產役權，除不動產役權之設定人及設定客體與一般不動產役權有異者外，於性質不相牴觸之情形下，仍得準用一般不動產役權之規定。

|第六章|
抵押權

第一節　普通抵押權

第860條（抵押權之意義）
稱普通抵押權者，謂債權人對於債務人或第三人不移轉占有
而供其債權擔保之不動產，得就該不動產賣得價金優先受償
之權。

解說

　　抵押權可說是擔保物權之王，一般常用它來確保債權，減
低風險。抵押權設定的目的，在於債權人於債務人無法清償債
務時，債權人可就抵押物拍賣受清償，且設定順序越先者越有
保障。債務人如果沒有財產可設定，可央求親朋好友提供不動
產設定債權人，並不是債務人的財產才可設定抵押權。債務人
或第三人將財產設定登記抵押權給債權人後，財產仍由債務人
或第三人占有，仍可使用收益，甚至也可以買賣，此種制度有
融通資金的優點。抵押權從債權發生與否的觀點分為兩種，一
種是最高限額抵押，另一種是普通抵押。前者是就將來可能發
生的債權設定抵押權，以預防風險。債權額究竟多少，實行抵

押權時才結算實際發生的債權。後者是債權已經發生了，設定
抵押權免遭不測。

　　本章將抵押權分為普通抵押權、最高限額抵押權及其他抵
押權三節，本條至第881條為有關普通抵押權之規定。本條係
關於普通抵押權之定義性規定。

　　朱文積欠張武貨款新台幣100萬元，張武為免求償無著，
要求朱文將房地設定第一順位抵押權給張武，朱文設定抵押
權後，並開具100萬元本票一紙交給張武，張武聲請拍賣抵押
物，由孝順以110萬元得標，問朱文的其他債權人，可否主張
共同分配應優先分配給張武的100萬元？

　　朱文將其房地設定第一順位抵押權給張武，張武聲請強制
執行後，就拍賣之抵押物有優先受償權，這就是設定抵押權的
好處，尤其是第一順位抵押權的優點，因此，扣除應繳之稅捐
後，該100萬元有優先分配之權利，朱文的其他債權人，包括
第二順位抵押權人及沒有設定的普通債權人，不能主張共同來
分配優先應分配給張武的100萬元。

第861條（抵押權之擔保範圍）
抵押權所擔保者為原債權、利息、遲延利息、違約金及實行
抵押權之費用。但契約另有約定者，不在此限。
得優先受償之利息、遲延利息、一年或不及一年定期給付之
違約金債權，以於抵押權人實行抵押權聲請強制執行前五年
內發生及於強制執行程序中發生者為限。

解說

　　學者通說及實務上見解認為違約金應在抵押權所擔保之範圍內，使擔保範圍更臻明確。至原債權乃抵押權成立之要件，且為貫徹公示效力，以保障交易安全，連同其利息或遲延利息均應辦理登記，始生物權效力。惟其登記方法及程序應由地政機關配合辦理（最高法院84年台上字第1967號判例參照）。

　　為兼顧第三人及抵押權人之權益，並參照本法第126條關於短期消滅時效之規定，明定得優先受償之利息、遲延利息、一年或不及一年定期給付之違約金債權，以於抵押權人實行抵押權聲請強制執行前五年內發生及於強制執行程序中發生者為限，以免擔保債權範圍擴大。所謂「實行抵押權」，包括抵押權人聲請強制執行及聲明參與分配之情形。

　　抵押權所擔保之債權，其種類及範圍，屬於抵押權之內容，依法應登記，始生物權效力，但如因內容過於冗長，登記簿所列各欄不能容納記載，可以附件記載，作為登記簿之一部分（最高法院84年台上字第1967號判例參照）。

第862條（抵押權效力及於標的物之範圍——從物及從權利）

抵押權之效力，及於抵押物之從物與從權利。

第三人於抵押權設定前，就從物取得之權利，不受前項規定之影響。

以建築物為抵押者，其附加於該建築物而不具獨立性之部分，亦為抵押權效力所及。但其附加部分為獨立之物，如係於抵押權設定後附加者，準用第八百七十七條之規定。

解說

　　社會上常有建物上增建、擴建或為其他之附加使成為一物而不具獨立性之情形，如以該建築物為抵押，抵押權是否及於該附加部分？於第3項明定無論於抵押權設定前後，附加於該為抵押之建築物之部分而不具獨立性者，均為抵押權效力所及。如其附加部分為獨立之物，且係於抵押權設定後附加者，準用第877條之規定。即抵押權人於必要時，得聲請法院將該建築物及其附加物併付拍賣，但就附加物賣得價金，無優先受清償之權，以保障抵押權人、抵押人與第三人之權益，並維護社會整體經濟利益。

　　不動產的從物，例如車庫是房屋的從物。房屋設定抵押權時，即使車庫未登記在登記簿上，效力仍然包括車庫；從權利，例如就需役不動產設定抵押權時，從屬於需役不動產的地上權，為抵押權效力所涵蓋。

　　以建築物設定抵押，建築物上在設定前或設定後增建的遮雨棚或鐵窗，因不具獨立性，故均為抵押權效力所及。如具有獨立性之物，例如水塔、花盆，且在抵押權設定之後始附加於建築物上，抵押權人得聲請法院併付拍賣，但無優先受償之權。

第862條之1（抵押權效力及於標的物之範圍——殘餘物）
抵押物滅失之殘餘物，仍為抵押權效力所及。抵押物之成分非依物之通常用法而分離成為獨立之動產者，亦同。
前項情形，抵押權人得請求占有該殘餘物或動產，並依質權之規定，行使其權利。

解說

抵押物滅失致有殘餘物時，例如抵押之建築物因倒塌而成為動產是，從經濟上言，其應屬抵押物之變形物。又抵押物之成分，非依物之通常用法，因分離而獨立成為動產者，例如自抵押建築物拆取之「交趾陶」是，其較諸因抵押物滅失而得受之賠償，更屬抵押物之變形物，學者通說以為仍應為抵押權效力所及，始得鞏固抵押權之效用。

為期充分保障抵押權人之權益，於上開情形，抵押權人得請求占有該殘餘物或動產，並依質權之規定，行使其權利。惟如抵押權人不請求占有該殘餘物或動產者，其抵押權自不受影響。

實例

林右將鋼骨造的房屋及土地設定第一順位抵押權給蔡六，借得新台幣500萬元，某日鄰居燒金紙不慎將該房屋燒剩鋼骨，蔡六對林右的債權已屆清償期，能否就鋼骨拍賣優先受償？

該設定的房屋雖已火燒，剩下之鋼骨，為抵押物之變形，仍為抵押權效力所及，縱使蔡六未請求占有鋼骨，其抵押權不受影響，抵押權人除對殘餘物行使抵押權外，尚可對林右設定的土地行使抵押權，強制執行時，就土地及鋼骨分開標售，分別定底價，蔡六就拍賣之鋼骨及土地均有優先受償權。

第863條（抵押權效力及於標的物之範圍——天然孳息）
抵押權之效力，及於抵押物扣押後自抵押物分離，而得由抵押人收取之天然孳息。

解說

　　抵押權設定後，於同一抵押物得設定地上權或成立其他權利（例如租賃、使用借貸），故土地之天然孳息收取權人未必即為抵押人（參照本法第70條），則抵押物扣押後，由抵押物分離時，如抵押人無收取權者，抵押權之效力，自不及於該分離之天然孳息。至於在抵押權設定之前，抵押物上已設定地上權或成立其他權利者，其天然孳息為抵押權效力所不及，乃屬當然。

實例

　　王燕將種植芒果的土地設定給債權人趙八，設定前王燕已將芒果的收取權轉讓與陸康，趙八聲請拍賣該土地時，可否主張芒果為抵押權效力所及？

　　王燕將土地設定給趙八前，已將芒果的收取權轉讓與陸康，該土地之天然孳息收取權人並非抵押人，抵押權之效力不及於天然孳息，因此，趙八主張芒果為抵押權效力所及，於法不合。

第864條（抵押權效力及於標的物之範圍——法定孳息）
抵押權之效力，及於抵押物扣押後抵押人就抵押物得收取之法定孳息。但抵押權人非以扣押抵押物之事情，通知應清償法定孳息之義務人，不得與之對抗。

解說

　　抵押權人實行抵押權，法定孳息（例如房租、地租、佃租），均列入抵押權效力的範圍，以保障抵押權人。但是抵押權人實行抵押權時，第三人不知道，因此如果第三人向抵押人清償，抵押權人不能主張清償無效，除非抵押權人將扣押抵押物的情事通知第三人，第三人明知而向抵押人清償，抵押權人就可主張清償不生效力，應向抵押權人清償才可。

第865條（抵押權之次序）
不動產所有人因擔保數債權，就同一不動產設定數抵押權者，其次序依登記之先後定之。

解說

　　不動產（含房屋及土地）的所有權人，將同一筆不動產設定給數個抵押權人，抵押權生效的先後順序，以登記的先後為準，先順位的抵押權人優先於後順位的抵押權人受償。但承攬人對定作人的不動產施工（例如建屋或修屋），如定作人欠承攬人報酬，承攬人對於不動產有法定抵押權，承攬人對其工作之定作人不動產，依民法第513條規定，得請求定作人為抵押權之登記，承攬契約已經公證者，承攬人得單獨申請法定抵押權登記。

第866條（地上權或其他物權之設定）
不動產所有人設定抵押權後，於同一不動產上，得設定地上

權或其他以使用收益為目的之物權，或成立租賃關係。但其抵押權不因此而受影響。

前項情形，抵押權人實行抵押權受有影響者，法院得除去該權利或終止該租賃關係後拍賣之。

不動產所有人設定抵押權後，於同一不動產上，成立第一項以外之權利者，準用前項之規定。

解說

所稱「地上權及其他權利」，學者通說及實務上見解均認為除地上權外，包括不動產役權、典權等用益物權或成立租賃關係。

第1項但書「但其抵押權不因此而受影響」之解釋，學者間意見不一，有謂仍得追及供抵押之不動產而行使抵押權；有謂如因設定他種權利之結果而影響抵押物之賣價者，他種權利歸於消滅。為避免疑義，爰參照司法院院字第1446號、釋字第119號及釋字第304號解釋，增訂第2項，俾於實體法上訂定原則，以為強制執行程序之依據。上述除去其權利拍賣，法院既得依聲請，亦得依職權為之。又上述之權利雖經除去，但在抵押之不動產上，如有地上權等用益權人或經其同意使用之人之建築物者，就該建築物則應依第877條第2項規定辦理併付拍賣，併予敘明。

不動產所有人，設定抵押權後，於同一不動產上，成立第1項以外之關係，如使用借貸關係者，事所恆有。該等關係為債之關係，在理論上當然不得對抗抵押權，但請求點交時，反須於取得強制執行名義後，始得為之（強制執行法第99條第2項規定參照），與前二項情形觀之，有輕重倒置之嫌，且將影

響拍賣時應買者之意願，爰增訂第3項準用之規定。

 實例

　　李大同向王小明借款300萬元，並以自己所有之A地設定抵押權予王小明作為該債權之擔保，嗣後，李大同又將A地設定地上權予張三，供其建築房屋一棟，今李大同之債務已屆清償期卻無力還款，王小明遂向法院主張實行抵押權，但因A地上仍存在地上權恐將影響拍賣意願，試問，王小明應如何主張自己的權利？

　　李大同將其所有之A地於設定抵押權後，其處分權並不因而受到影響，故當然可將A地另行設定地上權予張三。但當王小明因債權屆期未獲清償實行抵押權時，因該A地有地上權存在而致無人應買或出價過低時，依本法第866條第2項規定，抵押權人，即王小明當得向執行法院聲請除去該地上權；但張三已因地上權在A地建築房屋一棟，若因法院的除去地上權動作將使該房屋失其合法依附的權源，造成地上權人或社會經濟的無端浪費，故配合本法第877條第2項規定之調和，抵押權人王小明得向法院聲請併付拍賣張三所興建之建築物，抵押權人對於該屋所賣得之價金，並無優先受償權。

> **第867條**（抵押權之追及效力）
> 不動產所有人設定抵押權後，得將不動產讓與他人。但其抵押權不因此而受影響。

解說

抵押權是物權,權利存在於抵押物上,抵押物的所有人將抵押物所有權讓給第三人,抵押權隨著抵押物而存在,抵押權人聲請拍賣抵押物時,應列受讓抵押物的第三人為相對人。

實例

馮軒將承領的耕地設定抵押權給劉倩,事後政府收回耕地,劉倩的抵押權是否存在?

政府收回放領的耕地,是依據公法關係的行政處分,政府依行政處分而原始取得耕地所有權,上面設定的抵押權隨著原所有權的喪失而消滅,無本法第867條的適用,因此,劉倩的抵押權已消滅。

第868條(抵押權之不可分性——抵押物分割)
抵押之不動產,如經分割或讓與其一部,或擔保一債權之數不動產而以其一讓與他人者,其抵押權不因此而受影響。

解說

抵押物經分割,抵押物不受影響,以保障抵押權人的權益,例如抵押物為A地,設定抵押後分割為甲、乙兩地,抵押權效力及於甲、乙兩地。抵押物為A、B兩屋,設定後抵押人將A屋賣給第三人,抵押權人仍可就A、B兩屋行使抵押權,不因一部分讓與而影響抵押權。抵押人將不動產過戶到哪裡,抵押權的效力就到哪裡,抵押權成為確保債權之王,其來有自,來自法律制度給予相當大的保障。

紀章與紀青共有甲地，持分各二分之一，紀章以他的持分設定抵押權給程浩，後來甲地經分割為A、B兩地，紀章取得A地，紀青取得B地，抵押權效力是否及於B地？

抵押權依本法第868條規定，具有不可分性。紀章以自己的持分設定抵押權給程浩，但抵押權的效力及於整個甲地，甲地分割為A、B兩地，抵押權當然及於A、B兩地。

> **第869條**（抵押權之不可分性──債權分割）
> 以抵押權擔保之債權，如經分割或讓與其一部者，其抵押權不因此而受影響。
> 前項規定，於債務分割或承擔其一部時適用之。

解說

抵押權所擔保的債權或債務，經分割或讓與一部分，對抵押權不受影響。例如趙三將土地設定抵押權給陳九與張七共有，陳九將債權讓與徐十，抵押權為徐十與張七共有，不因讓與受影響。

債務之一部承擔與債務分割同屬債之移轉，均有擔保物權不可分性之適用。例如甲與乙欠丙100萬元，甲、乙提供共有的A地設定抵押權給丙，乙的債務由丁承擔，經丙同意，抵押權效力仍及於A地，不受債務承擔的影響。

第870條（抵押權之從屬性）

抵押權，不得由債權分離而為讓與，或為其他債權之擔保。

解說

抵押權是為了擔保現在或將來的債權而存在，抵押權附隨於債權，債權讓與時，抵押權隨著讓與，不可把債權讓與他人，而保留抵押權，或讓與抵押權，而保留債權，即使當事人間約定可分離讓與，約定違反本條強制規定者無效。

第870條之1（抵押權次序之讓與及拋棄）

同一抵押物有多數抵押權者，抵押權人得以下列方法調整其可優先受償之分配額。但他抵押權人之利益不受影響：

一、為特定抵押權人之利益，讓與其抵押權之次序。

二、為特定後次序抵押權人之利益，拋棄其抵押權之次序。

三、為全體後次序抵押權人之利益，拋棄其抵押權之次序。

前項抵押權次序之讓與或拋棄，非經登記，不生效力。並應於登記前，通知債務人、抵押人及共同抵押人。

因第一項調整而受利益之抵押權人，亦得實行調整前次序在先之抵押權。

調整優先受償分配額時，其次序在先之抵押權所擔保之債權，如有第三人之不動產為同一債權之擔保者，在因調整後增加負擔之限度內，以該不動產為標的物之抵押權消滅。但經該第三人同意者，不在此限。

解說

　　抵押權人依其次序所能支配者係抵押物之交換價值，即抵押權人依其次序所得優先受償之分配額。為使抵押權人對此交換價值之利用更具彈性，俾使其投下之金融資本在多數債權人間仍有靈活週轉之餘地，並有相互調整其複雜之利害關係之手段，日本民法第375條及德國民法第880條均設有抵押權次序讓與之規定，日本民法並及於抵押權次序之拋棄。鑑於此項制度具有上述經濟機能，且與抵押人、第三人之權益無影響，而在學說及土地登記實務（參考土地登記規則第116條規定）上均承認之。於第1項明定抵押權人得以讓與抵押權之次序，或拋棄抵押權之次序之方法，調整其可優先受償之分配額。但他抵押權人之利益不受影響。所謂「特定抵押權人」，係指因調整可優先受償分配額而受利益之該抵押權人而言，不包括其他抵押權人在內。又其得調整之可優先受償之分配額，包括全部及一部。其內容包括學說上所稱抵押權次序之讓與及拋棄。

一、次序之讓與：

　　次序之讓與係指抵押權人為特定抵押權人之利益，讓與其抵押權之次序之謂，亦即指同一抵押物之先次序或同次序抵押權人，為特定後次序或同次序抵押權人之利益，將其可優先受償之分配額讓與該後次序或同次序抵押權人之謂。此時讓與人與受讓人仍保有原抵押權及次序，讓與人與受讓人仍依其原次序受分配，惟依其次序所能獲得分配之合計金額，由受讓人優先受償，如有剩餘，始由讓與人受償。例如債務人甲在其抵押物上分別有乙、丙、丁第一、二、三次序依次為新台幣（以下同）180萬元、120萬元、60萬元之抵押權，乙將第一優先次序讓與丁，甲之抵押物拍賣所得價金為300萬元，則丁先分得60

萬元，乙分得120萬元，丙仍為120萬元。又如甲之抵押物拍賣所得價金為280萬元，則丁先分得60萬元，乙分得120萬元，丙分得100萬元。

二、次序之拋棄：

（一）相對拋棄：係指抵押權人為特定後次序抵押權人之利益，拋棄其抵押權之次序之謂，亦即指同一抵押物之先次序抵押權人，為特定後次序抵押權人之利益，拋棄其優先受償利益之謂。此時各抵押權人之抵押權歸屬與次序並無變動，僅係拋棄抵押權次序之人，因拋棄次序之結果，與受拋棄利益之抵押權人成為同一次序，將其所得受分配之金額共同合計後，按各人債權額之比例分配之。如前例，甲之抵押物拍賣所得價金為300萬元，乙將其第一次序之優先受償利益拋棄予丁，則乙、丁同列於第一次序，乙分得135萬元，丁分得45萬元，至丙則仍分得120萬元，不受影響。又如甲之抵押物拍賣所得價金為280萬元，則乙、丁所得分配之債權總額為180元（如乙未為拋棄，則乙之應受分配額為180萬元，丁之應受分配額為零），乙拋棄後，依乙、丁之債權額比例分配（3：1），乙分得135萬元，丁分得45萬元，丙仍分得100萬元不受影響。

（二）絕對拋棄：係指抵押權人為全體後次序抵押權人之利益，拋棄其抵押權之次序之謂，亦即指先次序抵押權人並非專為某一特定後次序抵押權人之利益，拋棄優先受償利益之謂。此時後次序抵押權人之次序各依次序昇進，而拋棄人退處於最後之地位，但於拋棄後新設定之抵押權，其次序仍列於拋棄者之後。如為普通債權，不

論其發生在抵押權次序拋棄前或後，其次序本列於拋棄者之後，乃屬當然。如前例，甲之抵押物拍賣所得價金為300萬元，乙絕對拋棄其抵押權之第一次序，則丙分得120萬元，丁分得60萬元、乙僅得120萬元。又如甲之抵押物拍賣所得價金為480萬元，戊之抵押權200萬元成立於乙絕對拋棄其抵押權次序之後，則丙分得120萬元，丁分得60萬元，乙可分得180萬元，戊分得120萬元。

我國民法關於不動產物權行為採登記生效要件主義（第758條），前項可優先受償分配額之調整，已涉及抵押權內容之變更，自須辦理登記，始生效力。又抵押權之債務人或抵押人，於提供抵押物擔保之情形，債務人仍得為債務之任意清償；抵押人為有利害關係之人，亦得向抵押權人為清償。於抵押權人調整可優先受償分配額時，如債務人或抵押人不知有調整情形仍向原次序在先之抵押權人清償，自足影響其權益。第2項規定前項可優先受償分配額之調整，非經登記，不生效力。並以通知債務人、抵押人及共同抵押人為其登記要件，以期周延。至於登記時，應檢具已為通知之證明文件，乃屬當然。

抵押權人間可優先受償分配額之調整，對各抵押權人之抵押權歸屬並無變動，僅係使因調整而受利益之抵押權人獲得優先分配利益而已。故該受利益之後次序抵押權人亦得實行調整前次序在先之抵押權。惟其相互間之抵押權均須具備實行要件，始得實行抵押權，乃屬當然。例如債務人甲在其抵押物上分別有乙、丙、丁第一、二、三次序之抵押權，乙將第一優先次序讓與丁，如乙、丁之抵押權均具備實行要件時，丁得實行乙之抵押權，聲請拍賣抵押物。

為同一債權之擔保，於數不動產上設定抵押權者，抵押權

人本可就各個不動產賣得之價金,受債權全部或一部之清償。如先次序或同次序之抵押權人,因調整可優先受償分配額而喪失其優先受償利益,則必使其他共同抵押人增加負擔,為示公平,除經該第三人即共同抵押人同意外,殊無令其增加負擔之理,於第4項明定在因調整後增加負擔之限度內,以該不動產為標的物之抵押權消滅。

第870條之2(調整後保證人責任)
調整可優先受償分配額時,其次序在先之抵押權所擔保之債權有保證人者,於因調整後所失優先受償之利益限度內,保證人免其責任。但經該保證人同意調整者,不在此限。

解說

抵押權所擔保之債權有保證人者,於保證人清償債務後,債權人對於債務人或抵押人之債權,當然移轉於保證人,該債權之抵押權亦隨同移轉,足見該抵押權關乎保證人之利益甚大。基於誠信原則,債權人不應依自己之意思,使保證人之權益受影響。又先次序抵押權人有較後次序抵押權人優先受償之機會,則次序在先抵押權所擔保債權之保證人代負履行債務之機會較少。如因調整可優先受償分配額而使先次序或同次序之抵押權喪失優先受償利益,將使該保證人代負履行債務之機會大增,對保證人有失公平。故於先次序或同次序之抵押權因調整可優先受償分配額而喪失優先受償之利益時,除經該保證人同意調整外,保證人應於喪失優先受償之利益限度內,免其責任,始為平允。

第871條（抵押權之保全——抵押物價值減少之防止）
抵押人之行為，足使抵押物之價值減少者，抵押權人得請求停止其行為。如有急迫之情事，抵押權人得自為必要之保全處分。
因前項請求或處分所生之費用，由抵押人負擔。其受償次序優先於各抵押權所擔保之債權。

解說

　　抵押物的價值減少，債權人擔保的籌碼相對地降低，對抵押權人十分不利。例如抵押人以房屋設定抵押，抵押人拆除房屋時，抵押權人可請求法院命抵押人停止拆除。因地震而將傾圮的房屋，抵押權人可不經法院的同意為必要的防護保全措施，以防止房屋傾倒，損及抵押權人的利益，甚至影響公共安全。

　　增訂第2項後段乃係因第1項請求或處分所生之費用，係由保全抵押物而生，其不僅保全抵押權人之抵押權，亦保全抵押人之財產，對其他債權人均屬有利。故應較諸各抵押權所擔保之債權優先受償。

第872條（抵押權之保全——抵押物價值減少之補救）
抵押物之價值因可歸責於抵押人之事由致減少時，抵押權人得定相當期限，請求抵押人回復抵押物之原狀，或提出與減少價額相當之擔保。
抵押人不於前項所定期限內，履行抵押權人之請求時，抵押權人得定相當期限請求債務人提出與減少價額相當之擔保。

屆期不提出者，抵押權人得請求清償其債權。

抵押人為債務人時，抵押權人得不再為前項請求，逕行請求清償其債權。

抵押物之價值因不可歸責於抵押人之事由致減少者，抵押權人僅於抵押人因此所受利益之限度內，請求提出擔保。

解說

抵押物的價值減少時，抵押權人有兩種請求權：

一、請求回復抵押物的原狀：例如拆毀房屋窗戶致價值減少，可請求裝上窗戶。

二、請求提出減少價額的擔保：例如房屋因抵押人的拆除，減少50萬元的價值，抵押權人可請求抵押人提供50萬元的擔保。

抵押物如果是天然災害（地震、颱風）或他人的損害（遭人縱火或鄰居失火而延燒），如屬前者，抵押權人不可要求抵押人提出擔保，如屬後者，僅於抵押人對第三人請求所受的額度內，抵押權人才可請求抵押人提出擔保。

第873條（抵押權之實行方法）

抵押權人，於債權已屆清償期，而未受清償者，得聲請法院，拍賣抵押物，就其賣得價金而受清償。

解說

普通抵押，先有被擔保的債權，而後為抵押權的登記，債權已屆清償期未受清償即可聲請法院拍賣抵押物。最高限額抵

押，先登記抵押權，登記後是否有債權，光就設定抵押權的文件無從判斷，因此，此種抵押權聲請拍賣時，須提出債權的證明文件（例如退票的支票、借據、送貨單、統一發票等），若抵押人對債權數額有爭執，抵押權人須提確認之訴，經判決勝訴確定後才可拍賣抵押物。

鄭裕將房屋及土地設定抵押權給陳怡，鄭裕欠徐蘭500萬元（未設定抵押權），徐蘭向法院聲請假處分，禁止鄭裕處分該筆房屋及土地，陳怡可否聲請法院拍賣抵押物？

依70年民事庭會議決議，認為禁止債務人就特定財產為處分行為的假處分，效力僅禁止債務人就該財產自由處分，不排除法院的強制執行，因此，陳怡可聲請法院拍賣抵押物。

第873條之1（流抵契約之相對有效）
約定於債權已屆清償期而未為清償時，抵押物之所有權移屬於抵押權人者，非經登記，不得對抗第三人。
抵押權人請求抵押人為抵押物所有權之移轉時，抵押物價值超過擔保債權部分，應返還抵押人；不足清償擔保債權者，仍得請求債務人清償。
抵押人在抵押物所有權移轉於抵押權人前，得清償抵押權擔保之債權，以消滅該抵押權。

解說
按於抵押權設定時或擔保債權屆清償期前，約定債權已

屆清償期，而債務人不為清償時，抵押物之所有權移屬於抵押權人者，須經登記，始能成為抵押權之物權內容，發生物權效力，而足以對抗第三人，因此容許流抵契約之存在。

因抵押權旨在擔保債權之優先受償，非使抵押權人因此獲得債權清償以外之利益，故為第1項之流抵約款約定時，抵押權人自負有清算義務，抵押物之價值如有超過債權額者，自應返還抵押人，並明定抵押物價值估算之基準時點，為抵押權人請求抵押人為抵押物所有權之移轉時，以杜抵押物價值變動之爭議。又計算抵押物之價值時，應扣除增值稅負擔、前次序抵押權之擔保債權額及其他應負擔之相關費用等。

於擔保債權清償期屆至後，抵押物所有權移轉於抵押權人前，抵押權及其擔保債權尚未消滅，債務人或抵押人自仍得清償債務，以消滅抵押權，並解免其移轉抵押物所有權之義務。

第873條之2（實行抵押權之效果）

抵押權人實行抵押權者，該不動產上之抵押權，因抵押物之拍賣而消滅。

前項情形，抵押權所擔保之債權有未屆清償期者，於抵押物拍賣得受清償之範圍內，視為到期。

抵押權所擔保之債權未定清償期或清償期尚未屆至，而拍定人或承受抵押物之債權人聲明願在拍定或承受之抵押物價額範圍內清償債務，經抵押權人同意者，不適用前二項之規定。

解說

　　抵押權所支配者係抵押物之交換價值，此項價值已因抵押物之拍賣而具體化為一定價金，該價金並已由抵押權人依其優先次序分配完畢，是抵押權之內容已實現，該抵押權及其他抵押權自應歸於消滅，即採塗銷主義為原則。

　　抵押權人依第873條規定實行抵押權時，其他抵押權所擔保之債權，有未屆清償期之情形者，為貫徹本條第1項原則，兼顧債務人、執行債權人及抵押權人之利益並避免法律關係複雜，俾有助於拍賣之易於實施，規定該其他抵押權於抵押物拍賣得受清償之範圍內，視為到期。

　　拍賣之不動產上存在之抵押權，原則上因拍賣而消滅；但拍定人或承受人聲明承受抵押權及其所擔保之未到期或未定期之債務，經抵押權人同意者，對當事人及拍定人俱屬有利，例外採承受主義，而無本條第1項及第2項規定之適用。所稱「拍定人」，係專指依強制執行程序拍定抵押物之人；所稱「承受抵押物之債權人」，係專指依強制執行程序拍賣抵押物，因無人應買或應買人所出之最高價未達拍賣最低價額，依強制執行法第91條第1項、第71條等規定承受抵押物之債權人而言。

第874條（抵押物賣得價金之分配次序）
抵押物賣得之價金，除法律另有規定外，按各抵押權成立之次序分配之。其次序相同者，依債權額比例分配之。

解說

　　抵押物賣得價金之分配次序，法律不乏另有規定者，如

稅捐稽徵法第6條第1項、強制執行法第29條第2項、本法第870
條之1、第871條第2項等是，此次修正增列「除法律另有規定
外」一語，以期周延，並酌作文字修正。

第875條（共同抵押）
為同一債權之擔保，於數不動產上設定抵押權，而未限定各
個不動產所負擔之金額者，抵押權人得就各個不動產賣得之
價金，受債權全部或一部之清償。

解說

　　抵押人提供數筆不動產設定抵押權，沒有限定各個不動產
所擔保的金額，該數筆不動產均須擔保後有的債權，在債權未
受全部清償前，抵押權均存在，並無按比例消滅部分不動產抵
押權的情事。

第875條之1（債務人責任優先原則）
為同一債權之擔保，於數不動產上設定抵押權，抵押物全部
或部分同時拍賣時，拍賣之抵押物中有為債務人所有者，抵
押權人應先就該抵押物賣得之價金受償。

解說

　　為同一債權之擔保，於數不動產上設定抵押權者，於抵押
權人請求就數抵押物或全部抵押物同時拍賣時，如拍賣之抵押
物中有為債務人所有者，為期減少物上保證人之求償問題，又

不影響抵押權人之受償利益，宜使抵押權人先就債務人所有而供擔保之該抵押物賣得之價金受償。

小五向小六借款500萬元，小五提供一筆房地設定抵押權給小六，小五的朋友小七也提供一筆房地設定抵押權給小六，小六同時聲請拍賣該兩筆房地，小五的房地由小八拍定價金為400萬元，小七的房地由小九拍定價金為300萬元，小六如何受償？

依本條規定，抵押權人實行抵押權時，拍賣之抵押物中有為債務人所有者，應就該價金先受償，即為債務人責任優先原則，不得就非債務人之抵押人先受償，因此，小六應就小五的400萬元先受償，不足部分再由小七部分受償。

第875條之2（內部分擔擔保債權金額之計算公式）

為同一債權之擔保，於數不動產上設定抵押權者，各抵押物對債權分擔之金額，依下列規定計算之：

一、未限定各個不動產所負擔之金額時，依各抵押物價值之比例。

二、已限定各個不動產所負擔之金額時，依各抵押物所限定負擔金額之比例。

三、僅限定部分不動產所負擔之金額時，依各抵押物所限定負擔金額與未限定負擔金額之各抵押物價值之比例。

計算前項第二款、第三款分擔金額時，各抵押物所限定負擔金額較抵押物價值為高者，以抵押物之價值為準。

解說

　　共同抵押權之抵押物不屬同一人所有或抵押物上有後次序抵押權存在時，為期平衡物上保證人與抵押物後次序抵押權人之權益，並利求償權或承受權之行使，宜就各抵押物內部對債權分擔之金額計算。如各不動產限定負擔金額之總額超過所擔保之債權總額者，當然依各抵押物所限定負擔金額之比例定之，若未超過總額時，亦應依各抵押物所限定負擔金額計算。抵押權人無指定或選擇之權。

　　依第1項第2款、第3款計算分擔額時，如各抵押物所限定負擔之金額較抵押物之價值為高者，宜以抵押物之價值為準。

第875條之3（拍賣分擔擔保債權金額之計算方式）
為同一債權之擔保，於數不動產上設定抵押權者，在抵押物全部或部分同時拍賣，而其賣得價金超過所擔保之債權額時，經拍賣之各抵押物對債權分擔金額之計算，準用前條之規定。

解說

　　共同抵押權之抵押權人請求就二以上（包括全部或部分）之抵押物同時拍賣，如其賣得之價金總額超過所擔保之債權總額時，於不影響抵押權人之受償利益下，各抵押物賣得之價金，應如何分配，以清償抵押權人之債權，攸關共同抵押人等之權益。為期減少求償或承受問題並利實務運作，宜就該等經拍賣之各抵押物對債權分擔之金額計算。

實 例

　　張三對李四有800萬元之債務，由甲、乙、丙三人分別提供其所有之A、B、C三筆土地設定抵押權予李四。擔保張三之債務，且均未限定各不動產所負擔之金額。惟，張三逾期未清償，李四遂聲請對甲、乙二人之土地同時拍賣，A地賣得價金為400萬元，B地為600萬元，試問A地、B地對債權分擔之金額，各為多少？

　　依第875條之3準用第875條之2規定計算：

　　A地對債權分擔金額為320萬元（$\frac{800 \times 400}{400+600} = 320$）。

　　B地對債權分擔金額為480萬元（$\frac{800 \times 600}{400+600} = 480$）。

第875條之4（異時拍賣分擔擔保債權金額之計算方式）
為同一債權之擔保，於數不動產上設定抵押權者，在各抵押物分別拍賣時，適用下列規定：

一、經拍賣之抵押物為債務人以外之第三人所有，而抵押權人就該抵押物賣得價金受償之債權額超過其分擔額時，該抵押物所有人就超過分擔額之範圍內，得請求其餘未拍賣之其他第三人償還其供擔保抵押物應分擔之部分，並對該第三人之抵押物，以其分擔額為限，承受抵押權人之權利。但不得有害於該抵押權人之利益。

二、經拍賣之抵押物為同一人所有，而抵押權人就該抵押物賣得價金受償之債權額超過其分擔額時，該抵押物之後次序抵押權人就超過分擔額之範圍內，對其餘未拍賣之同一人供擔保之抵押物，承受實行抵押權人之權利。但不得有害於該抵押權人之利益。

解說

　　於抵押物異時拍賣時，如抵押權人就其中某抵押物賣得價金受償之債權額超過其分擔額時，即生求償或承受問題，為期公允明確，宜就求償權人或承受權人行使權利之範圍與方式予以明定。又本條第1款雖規定物上保證人間之求償權及承受權，惟基於私法自治原則，當事人仍可以契約為不同約定而排除本款規定之適用。另第2款係規定同一人所有而供擔保之抵押物經拍賣後，該抵押物後次序抵押權人就超過分擔額之範圍內有承受權；本款所稱「同一人」所有，除債務人所有之抵押物經拍賣之情形外，亦包括物上保證人所有之抵押物經拍賣之情形。至於物上保證人對債務人或對保證人之求償權或承受權，另規定於第879條。

　　民法物權編施行法第14條規定，修正之第875條之1至第875條之4之規定，於抵押物為債務人以外第三人所有，而其上之抵押權成立於民法物權編修正施行前者，亦適用之，依該規定有溯及既往之效力。

第876條（法定地上權）

設定抵押權時，土地及其土地上之建築物，同屬於一人所有，而僅以土地或僅以建築物為抵押者，於抵押物拍賣時，視為已有地上權之設定，其地租、期間及範圍由當事人協議定之。不能協議者，得聲請法院以判決定之。

設定抵押權時，土地及其土地上之建築物，同屬於一人所有，而以土地及建築物為抵押者，如經拍賣，其土地與建築物之拍定人各異時，適用前項之規定。

解說

　　本條第1項的法定地上權，以該建築物於土地設定抵押時已存在，並且有相當的經濟價值為要件，若土地設定抵押權後，始興建房屋，則不能認房屋而是以土地為有法定地上權。

　　依本條所成立之地上權，為法定地上權。其租金若干，期間長短，範圍大小均有待當事人協議定之，不能協議時，則聲請法院以判決定之。

第877條（建築物與土地之併付拍賣）

土地所有人於設定抵押權後，在抵押之土地上營造建築物者，抵押權人於必要時，得於強制執行程序中聲請法院將其建築物與土地併付拍賣。但對於建築物之價金，無優先受清償之權。

前項規定，於第八百六十六條第二項及第三項之情形，如抵押之不動產上，有該權利人或經其同意使用之人之建築物者，準用之。

解說

　　抵押人將土地設定抵押給抵押權人後，營造建築物為避免單獨拍賣土地價格低落或無人應買，影響抵押權人利益，本條規定抵押權人於必要時，得於強制執行程序中聲請法院將建築物一併拍賣，但並非抵押權效力及於建築物，因此，抵押權人對建築物部分，沒有優先受清償的權利。

　　為維護抵押權人利益，於不動產抵押後，在該不動產上有用益物權人或經其同意使用之人之建築物者，該權利人使用不

動產之權利雖得先依第866條第2項規定予以除去，惟為兼顧社會經濟及土地用益權人利益，該建築物允應併予拍賣為宜，但建築物拍賣所得價金，抵押權人無優先受償權。例如土地所有人將土地設定抵押權後，容許第三人在土地上興建房屋，此時土地與房屋所有人非屬同一人，抵押權人就房屋部分無須另取得執行名義，與抵押之土地併付拍賣，應將房屋之價金交還第三人，抵押權人無優先受償權。

狄仁將土地設定給馮光，狄仁事後在土地上蓋房屋，狄仁欠馮光1,000萬元無法清償，馮光聲請拍賣抵押物，問就房屋部分是否須經法院裁定，始可拍賣？

本條規定，土地或建築物設定抵押權後，抵押人於土地上營造建築物或於原建築物再行擴建或增建者，除應認為抵押物之從物或因添附而為抵押物之一部者外，執行法院於必要時得就原設定抵押權部分及其營造、擴建或增建部分分別估定價格，並核定其拍賣最低價額後一併拍賣之。但抵押權人就營造、擴建或增建部分，無優先受償之權。所以，土地所有人狄仁在設定抵押權後，在抵押的土地上營造建築物，經執行法院認為必要，將建築物與土地併付拍賣時，就建築物部分，毋須經法院為許可拍賣的裁定。

第877條之1（抵押物存在必要權利之併付拍賣）
以建築物設定抵押權者，於法院拍賣抵押物時，其抵押物存在所必要之權利得讓與者，應併付拍賣。但抵押權人對於該權利賣得之價金，無優先受清償之權。

解說

　　土地與建築物固為各別之不動產，各得單獨為交易之標的，但建築物性質上不能與土地使用權分離而存在，故以建築物設定抵押權，於抵押物拍賣時，其抵押物對土地存在所必要之權利得讓與者，例如地上權、租賃權等是，應併付拍賣，始無害於社會經濟利益（民法債編增訂第425條之1、第426條之1及最高法院48年台上字第1457號判例參照）。然該權利非抵押權之標的物，抵押權人對其賣得之價金，不得行使優先權，始為平允。

> **第878條**（拍賣外抵押權之實行方法）
> 抵押權人於債權清償期屆滿後，為受清償，得訂立契約，取得抵押物之所有權，或用拍賣以外之方法處分抵押物，但有害於其他抵押權人之利益者，不在此限。

解說

　　抵押人與抵押權人，如於設定時約定清償期屆滿後，使抵押權人取得所有權，依本法第873條之1，該約定非經登記，不得對抗第三人。

　　抵押權人於債權清償期屆滿時，不拍賣抵押物，也不願取得抵押物所有權，可依通常的買賣方法將抵押物出售以清償債權。

第879條（物上保證人之求償權）

為債務人設定抵押權之第三人，代為清償債務，或因抵押權人實行抵押權致失抵押物之所有權時，該第三人於其清償之限度內，承受債權人對於債務人之債權。但不得有害於債權人之利益。

債務人如有保證人時，保證人應分擔之部分，依保證人應負之履行責任與抵押物之價值或限定之金額比例定之。抵押物之擔保債權額少於抵押物之價值者，應以該債權額為準。

前項情形，抵押人就超過其分擔額之範圍，得請求保證人償還其應分擔部分。

解說

　　債務人如有保證人時，物上保證人與保證人實質上均係以自己之財產擔保他人之債務，晚近各立法例對普通保證自由主義色彩之干涉漸增，此亦包括保證人範圍之干預及管制，使物上保證與普通保證不應有不同責任範圍。因之，物上保證人於代為清償債務，或因抵押權人實行抵押權致失抵押物之所有權時，自得就超過其應分擔額之範圍內對保證人具有求償權與承受權，即採物上保證人與保證人平等說。

　　有關保證人應分擔之部分，依保證人應負之履行責任與抵押物拍賣時之價值或限定之金額比例定之。抵押物之擔保債權額少於抵押物拍賣時之價值者，應以該債權額為準，始為平允。

　　依民法物權編施行法第15條規定，修正之民法第879條關於為債務人設定抵押權之第三人對保證人行使權利之規定，於民法物權編修正前已成立保證之情形，亦適用之。

甲對乙負有100萬元之債務，丁將自己所有價值200萬元的房屋設定抵押權予乙，丙則為全額清償之保證人。今甲逾期未能清償，乙遂聲請拍賣丁之房屋而受償100萬元，甲、丙、丁應如何分擔責任與主張權利？

依本法之規定，若抵押物之價格超過其所擔保之債權額時，則以「債權額」為準。是以，物上保證人丁與保證人丙分擔責任比例相當，皆為100萬元，其二人各負50%之責任。亦即丁僅須於50萬元的限度內負責，今丁可就其超過應負擔部分，得向保證人丙請求償還之。債務人甲當然仍須負最終責任。

第879條之1（物上保證人之免除責任）
第三人為債務人設定抵押權時，如債權人免除保證人之保證責任者，於前條第二項保證人應分擔部分之限度內，該部分抵押權消滅。

解說

物上保證人代為清償債務，或因抵押權人實行抵押權致失抵押物之所有權時，於其清償之限度內，承受債權人對於債務人之債權。如該債務有保證人時，包括連帶保證人及一般保證人，該物上保證人對之即有求償權。故於債權人免除保證人之保證責任時，該物上保證人原得向保證人求償之權利，即因之受影響。為示公平並期明確，明定第三人為債務人設定抵押權時，如債權人免除保證人之保證責任者，於前條第2項保證人

應分擔部分之限度內，該部分抵押權消滅，此乃物上保證人與普通保證人之平等主義。

第880條（抵押權之除斥期間）

以抵押權擔保之債權，其請求權已因時效而消滅，如抵押權人於消滅時效完成後，五年間不實行其抵押權者，其抵押權消滅。

解說

　　抵押權為物權，本不因時效而消滅。但抵押權為從權利，債權為主權利，債權如消滅時效完成後，抵押權不消滅，使權利狀態永不確定，且主權利已消滅，從權利不消滅亦屬矛盾，因此規定請求權時效消滅後，五年間抵押權人不實行抵押權，抵押權也消滅，並非請求權由本法第125條規定的十五年，延長為二十年，不可誤會。一方認為抵押權已因本條的規定而消滅，他方有爭執時，地政機關無從依抵押人之申請塗銷登記，必須由抵押人訴請塗銷經法院判決勝訴確定後，始可辦理塗銷登記。

　　依民法物權編施行法第16條規定，民法物權編施行前，以抵押權擔保之債權，依民法之規定，其請求權消滅時效已完成者，民法第880條所規定抵押權之消滅期間，自施行日起算。但自請求權消滅時效完成後，至施行之日已逾十年者，不得行使抵押權。

第881條（抵押權之消滅）

抵押權除法律另有規定外，因抵押物滅失而消滅。但抵押人因滅失得受賠償或其他利益者，不在此限。

抵押權人對於前項抵押人所得行使之賠償或其他請求權有權利質權，其次序與原抵押權同。

給付義務人因故意或重大過失向抵押人為給付者，對於抵押權人不生效力。

抵押物因毀損而得受之賠償或其他利益，準用前三項之規定。

解說

本條係96年3月5日立法院通過修正之理由如下：

一、原條文所稱「賠償金」，易使人誤解為抵押物之代位物僅限於金錢，實則抵押物之代位物，在賠償或其他給付義務人未給付前，抵押人對該義務人僅有給付請求權，給付物並未特定，金錢、動產、不動產或其他財產權均有可能，為避免疑義，將「賠償金」修正為「賠償或其他利益」。至抵押物滅失後，如抵押人因滅失得受賠償或其他利益者，抵押權人所得行使之權利不當然消滅，惟其性質已轉換為「權利質權」。

二、又此項質權雖係嗣後始發生，然基於抵押權之物上代位性，該質權實為「抵押權之代替」，故該質權之次序，應與原抵押權同，以保障抵押權人之權益。

三、抵押物因毀損而得受之賠償或其他利益，是否亦為抵押物之代位物？通說見解認為其亦係抵押權之物上代位。抵押權人得就物上代位權與第872條之擔保請求權，擇一行使。

四、抵押權人依物上代位所得行使之權利,其性質究為擔保權延長?亦為法定債權質權?通說採債權質權說,59年判例不再援用。

<h1>第二節　最高限額抵押權</h1>

第881條之1（最高限額抵押權）

稱最高限額抵押權者,謂債務人或第三人提供其不動產為擔保,就債權人對債務人一定範圍內之不特定債權,在最高限額內設定之抵押權。

最高限額抵押權所擔保之債權,以由一定法律關係所生之債權或基於票據所生之權利為限。

基於票據所生之權利,除本於與債務人間依前項一定法律關係取得者外,如抵押權人係於債務人已停止支付、開始清算程序,或依破產法有和解、破產之聲請或有公司重整之聲請,而仍受讓票據者,不屬最高限額抵押權所擔保之債權。但抵押權人不知其情事而受讓者,不在此限。

解說

　　最高限額抵押權性質與普通抵押權不同,本條至第881條之17係有關最高限額抵押權之規定。

　　實務上行之有年之最高限額抵押權,以抵押人與債權人間約定債權人對於債務人就現有或將來可能發生最高限額內之不特定債權,就抵押物賣得價金優先受償為其特徵,與供特定債權擔保之普通抵押權不同。

最高限額抵押權之設定，其被擔保債權之資格有無限制？向有限制說與無限制說，鑑於無限制說有礙於交易之安全，爰採限制說，除於第1項規定對於債務人一定範圍內之不特定債權為擔保外，並於第2項限制規定，明定以由一定法律關係所生之債權或基於票據所生之權利，始得為最高限額抵押權所擔保之債權（日本民法第398條之2參考）。所謂一定法律關係，例如買賣、侵權行為等是。至於由一定法律關係所生之債權，當然包括現有及將來可能發生之債權，及因繼續性法律關係所生之債權，自不待言。

為避免最高限額抵押權於債務人資力惡化或不能清償債務，而其債權額尚未達最高限額時，任意由第三人處受讓債務人之票據，將之列入擔保債權，以經由抵押權之實行，優先受償，而獲取不當利益，致妨害後次序抵押權人或一般債權人之權益，遂於第3項明定基於票據所生之權利，列為最高限額抵押權所擔保債權之限制規定，以符公平。

甲公司為汽水製造商，乙公司為其經銷商，乙提供一塊房地供甲公司設定最高限額抵押新台幣1億元，某日乙公司終止與甲公司之經銷契約。雙方結算結果，乙公司未欠甲公司分毫，但最高限額抵押權仍在存續期間，乙公司為了向銀行貸款，需以該房地提供給銀行設定，乙公司可否向甲公司訴請塗銷抵押權登記？

最高限額抵押權乃擔保一定範圍的不斷發生之不特定，具有未來性之債權，債權額以結算實際發生之債權額為準。雖然最高限額抵押權登記之存續期限未至，但所擔保之債權之基礎

契約（如經銷合約、票據契約）已合法終止或解除，即無既存之債權。而將來確定不再發生，依抵押權之從屬性，應許抵押人請求抵押權人塗銷抵押權設定登記（參照最高法院83年台上字第1055號判例）。

實例二

　　甲向乙陸續借款，甲提供土地予乙設定最高限額抵押權1,000萬元，乙自丙受讓乙紙100萬元之支票，該支票發票人為甲，問該100萬元是否列入擔保之債權範圍？

　　民法第881條之1第2項規定，如抵押權人於債務人已停止支付、開始清算程序或依破產法有和解、破產之聲請或公司重整之聲請，而受讓票據者，不屬最高限額抵押權所擔保之債權。乙受讓甲簽發之支票，如甲已停止支付，或有上開情事，該100萬元不列入債權，但乙不知有上開情事而受讓，該100萬元仍然列入擔保債權額。

第881條之2（最高限額抵押權的範圍）
最高限額抵押權人就已確定之原債權，僅得於其約定之最高限額範圍內，行使其權利。
前項債權之利息、遲延利息、違約金，與前項債權合計不逾最高限額範圍者，亦同。

解說

　　最高限額抵押權所擔保之債權，其優先受償之範圍須受最高限額之限制，亦即須於最高限額抵押權所擔保之債權確定

時，不逾最高限額範圍內之擔保債權，始為抵押權效力所及，於第1項明定原債權之限制規定。又所稱原債權乃指第881條之1第2項約定範圍所生之債權。

關於最高限額之約定額度，有債權最高限額及本金最高限額二說，目前實務上採債權最高限額說（最高法院75年第22次民事庭會議決議參照），觀諸外國立法例日本民法第398條之3第1項、德國民法第1190條第2項、我國動產擔保交易法第16條第2項亦作相同之規定，於第2項規定前項債權之利息、遲延利息或違約金，與前項債權合計不逾最高限額範圍者，始得行使抵押權。又此項利息、遲延利息或違約金，不以前項債權已確定時所發生者為限。其於前項債權確定後始發生，但在最高限額範圍內者，亦包括在內，仍為抵押權效力所及。詳言之，當事人依第881條之1第2項規定限定一定法律關係後，凡由該法律關係所生債權，均為擔保債權之範圍。直接所生，或與約定之法律關係有相當關連之債權，或是該法律關係交易過程中，通常所生之債權，亦足當之。例如約定擔保範圍係買賣關係所生債權，買賣價金乃直接自買賣關係所生，固屬擔保債權，其他如買賣標的物之登記費用、因價金而收受債務人所簽發或背書之票據所生之票款債權、買受人不履行債務所生之損害賠償請求權亦屬擔保債權，亦包括在內。準此觀之，自約定法律關係所生債權之利息、遲延利息與違約金，自當然在擔保債權範圍之內，因此等債權均屬法律關係過程中，通常所生之債權。惟其均應受最高限額之限制，此即為本條規範意旨所在。

至於實行抵押權之費用，依第881條之17準用第861條之規定，亦為抵押權效力所及。因此，不論債權人聲請法院拍賣抵押物（強制執行法第29條參照），或依第878條而用拍賣以外

之方法處分抵押物受償，因此所生之費用均得就變價所得之價金優先受償，惟不計入抵押權所擔保債權之最高限額。

　　乙向甲借款2,000萬元，乙提供房地供甲設定最高限額抵押權，登記為「本金最高限額2,000萬元」，但，除本金欠1,800萬元之外，乙積欠之利息已為200萬元，問該200萬元是否為抵押權效力所及？甲有無優先受償權？

　　最高法院75年民事庭會議決議認為，依民法第861條規定，抵押權所擔保之債權，應包括原債權、利息、遲延利息及實行抵押權之費用。最高限額自應以此等擔保債權總額為範圍。200萬元為抵押權效力所及，甲有優先受償權。

　　若當事人約定擔保其他債權者，亦應受最高限額之限制，如原來債權連同利息等未逾最高限額，其利息等固為抵押權效力所及，雖登記為「本金最高限額若干元」，而本金連同利息等超過最高限額，超過部分即非抵押權所擔保之範圍，且實行抵押權之費用亦為抵押權效力所及，只是不計入抵押權所擔保債權之最高限額內。

第881條之3（最高限額抵押權之抵押權人與抵押人變更債權範圍或其債務人）

原債權確定前，抵押權人與抵押人得約定變更第八百八十一條之一第二項所定債權之範圍或其債務人。

前項變更無須得後次序抵押權人或其他利害關係人同意。

解說

原債權未經確定前，最高限額抵押權所擔保第881條之1第2項所定債權之範圍或其債務人縱有變更，對於後次抵押權人或第三人之利益並無影響，為促進最高限額抵押權擔保之功能，明定抵押權人與抵押人得約定變更之，且該項變更，亦無須得後次序抵押權人或其他利害關係人之同意。又我國民法關於不動產物權行為，非如日本民法採登記對抗主義，而係採登記生效要件主義，故本條變更自應適用第758條之規定而為登記。前述變更既限於原債權確定前，則在原債權經確定後，自不得變更。如有變更之約定而經登記者，該登記對於登記在前之其他物權人即有無效之原因。

然在原債權確定前，始可加以變更；原債權確定後，不許變更之範圍限於第881條之1第2項之債權範圍及債務人，例如變更雙方之經銷契約為代理契約，則非債權範圍及債務人之變更為法律所許。

第881條之4（最高限額抵押權所擔保之原債權──確定期日）

最高限額抵押權得約定其所擔保原債權應確定之期日，並得於確定之期日前，約定變更之。

前項確定之期日，自抵押權設定時起，不得逾三十年。逾三十年者，縮短為三十年。

前項期限，當事人得更新之。

解說

　　最高限額抵押權設定時，未必有債權存在。惟於實行抵押權時，所能優先受償之範圍，仍須依實際確定之擔保債權定之。故有定確定期日之必要，本條即為關於原債權確定期日之規定。所謂確定之期日，係指約定之確定期日而言。

　　為發揮最高限額抵押權之功能，促進現代社會交易活動之迅速與安全，並兼顧抵押權人及抵押人之權益，前項確定期日，不宜過長或太短，參酌我國最高限額抵押權實務現況，應以三十年為當。又當事人對於此法定之期限，得更新之，以符契約自由原則及社會實際需要。

第881條之5（最高限額抵押權所擔保之原債權——未約定確定期日）

　　最高限額抵押權所擔保之原債權，未約定確定之期日者，抵押人或抵押權人得隨時請求確定其所擔保之原債權。

　　前項情形，除抵押人與抵押權人另有約定外，自請求之日起，經十五日為其確定期日。

解說

　　當事人於設定最高限額抵押權時，未約定確定原債權之期日者，為因應金融資產證券化及債權管理之實務需求，參酌我國實務見解（最高法院66年台上字第1097號判例參照），於第1項明定抵押人或抵押權人得隨時請求確定其所擔保之原債權，以符實際需求。

　　對於抵押人或抵押權人請求確定之期日，如另有約定者，

自應從其約定。如無約定，為免法律關係久懸不決，宜速確定該期日，於第2項明定自請求之日起經十五日為其確定期日。

第881條之6（最高限額抵押權所擔保債權移轉之效力）

最高限額抵押權所擔保之債權，於原債權確定前讓與他人者，其最高限額抵押權不隨同移轉。第三人為債務人清償債務者，亦同。

最高限額抵押權所擔保之債權，於原債權確定前經第三人承擔其債務，而債務人免其責任者，抵押權人就該承擔之部分，不得行使最高限額抵押權。

解說

最高限額抵押權於原債權確定前，與普通抵押之從屬性尚屬有異，為學說及實務上所承認（最高法院75年度台上字第1011號判決參照）。故如僅將擔保債權範圍所生之各個特定債權讓與他人，該債權即脫離擔保之範圍，其最高限額抵押權自不隨同移轉於受讓人。又第三人為債務人清償債務之情形，例如保證人依第749條為清償或第三人依第312條為清償後，承受債權人之債權時，其最高限額抵押權亦不隨同移轉。

最高限額抵押權所擔保之債權，於原債權確定前，如有第三人承擔債務而債務人免其責任者，基於免責之債務承擔之法理，該承擔部分即脫離擔保之範圍，其最高限額抵押權並不伴隨而往，抵押權人自不得行使最高限額抵押權。

乙提供土地給甲設定最高限額抵押權5,000萬元，乙向甲之貸款契約、融資契約及票據，均為擔保範圍內之債權，乙向甲貸得1,000萬元後，甲將該債權讓與丙，問丙對乙是否有1,000萬元之抵押權？

最高限額抵押權確定時，最高限額抵押權變成普通抵押權，所謂確定指所擔保一定範圍內之債權，因一定情形使債權趨於特定（如至決算期、抵押權存續屆滿、終止抵押權等）。例如合建契約履行完畢已至決算期，為使營建費特定，而雙方結算營建費，地主提供土地給建商設定之最高限額抵押權即為確定。在最高限額抵押權確定前，發生之各個債權，得依債權讓與方式讓與他人，讓與後脫離抵押關係，抵押權不隨同轉移。本例甲將對乙之借款債權1,000萬元轉讓與丙，該抵押權不隨同轉讓，因此丙對乙僅取得普通債權，丙未取得抵押權，並無優先受償權。

第881條之7（最高限額抵押權之抵押權人或債務人為法人之合併）

原債權確定前，最高限額抵押權之抵押權人或債務人為法人而有合併之情形者，抵押人得自知悉合併之日起十五日內，請求確定原債權。但自合併登記之日起已逾三十日，或抵押人為合併之當事人者，不在此限。

有前項之請求者，原債權於合併時確定。

合併後之法人，應於合併之日起十五日內通知抵押人，其未為通知致抵押人受損害者，應負賠償責任。

前三項之規定，於第三百零六條或法人分割之情形，準用之。

解說

原債權確定前，最高限額抵押權之抵押權人或債務人為法人時，如有合併之情形，其權利義務，應由合併後存續或另立之法人概括承受。此時，為減少抵押人之責任，賦予抵押人請求確定原債權之權，該請求期間自知悉法人合併之日起十五日內。又為兼顧抵押權人之權益，如自合併登記之日起已逾三十日，或抵押人即為合併之當事人者，自無保護之必要，而不得由抵押人請求確定原債權。

抵押人如已為前項之請求，為保障其權益，於第2項明定原債權溯及於法人合併時確定。而該合併之時點，應視法人之種類及實際情形，分階段完成各相關法律所規定之合併程序定之。

法人之合併，事實上不易得知，為保障抵押人之利益，於第3項規定合併之法人，負有通知抵押人之義務；違反義務時，則應依民法等規定負損害賠償責任。

原債權確定前，最高限額抵押權之抵押權人或債務人為營業，與他營業依第306條規定合併之情形，事所恆有，且法人亦有分割之情形，例如公司法已增設股份有限公司分割之規定。為期周延，於性質不相牴觸之範圍內，準用前三項規定。

第881條之8（單獨讓與最高限額抵押權之方式）
原債權確定前，抵押權人經抵押人之同意，得將最高限額抵押權之全部或分割其一部讓與他人。
原債權確定前，抵押權人經抵押人之同意，得使他人成為最高限額抵押權之共有人。

解說

　　最高限額抵押權具有一定獨立之經濟價值，且為因應金融資產證券化及債權管理之實務需求，明定抵押權人於原債權確定前，經抵押人之同意，得單獨讓與最高限額抵押權，其方式有三：一為全部讓與他人；二為分割其一部讓與他人；三為得使他人成為該抵押權之共有人。例如抵押人甲提供其所有之不動產設定最高限額抵押權1,000萬元於抵押權人乙，嗣乙經甲同意將最高限額抵押權全部，或分割其一部即將最高限額抵押權400萬元單獨讓與第三人丙，乙、丙成為同一次序之抵押權人；抵押權人乙亦得使他人丙加入成為該抵押權之共有人，乙、丙共享最高限額抵押權之擔保，此時，乙丙共有抵押權呈現之型態有二：其一，丙係單純加入成為共有人；其二，丙係以受讓應有部分之方式成為共有人。嗣後各該當事人實行抵押權時，前者依第881條之9第1項本文處理；後者則按第881條之9第1項但書處理。另丙為免受讓之最高限額抵押權無擔保債權存在而歸於確定，丙可與甲依第881條之3規定，為擔保債權範圍或債務人之變更，俾其最高限額抵押權得繼續存在。

　　最高限額抵押權之單獨讓與行為屬物權行為，依本法第758條規定，應經登記始生效力。

第881條之9（最高限額抵押權之共有）

最高限額抵押權為數人共有者，各共有人按其債權額比例分配其得優先受償之價金。但共有人於原債權確定前，另有約定者，從其約定。

共有人得依前項按債權額比例分配之權利，非經共有人全體之同意，不得處分。但已有應有部分之約定者，不在此限。

解說

　　最高限額抵押權得由數人共有，本條第1項規定共有人間優先受償之內部關係，係按其債權額比例分配價金。但為使共有抵押權人對抵押物交換價值之利用更具彈性，並調整其相互間之利害關係，爰仿日本民法第398條之14，設但書規定，於原債權確定前，共有人得於同一次序範圍內另行約定不同之債權額比例或優先受償之順序。所謂原債權確定前之約定，係指共有最高限額抵押權設定時之約定及設定後原債權確定前，各共有人相互間之另為約定。

　　又第1項所稱各共有人按債權額分配之比例，性質上即為抵押權準共有人之應有部分，然此項應有部分受該抵押權確定時，各共有人所具有擔保債權金額多寡之影響，乃變動者，與一般之應有部分係固定者有異，若許其自由處分，勢必影響其他共有人之權益，故應經全體共有人之同意，始得為之。但共有人若依第1項但書規定，已為應有部分之約定者，則其應有部分已屬固定，其處分即得回復其自由原則（本法第819條第1項參照）。

第881條之10（共同最高限額抵押權原債權均歸於確定）
為同一債權之擔保，於數不動產上設定最高限額抵押權者，如其擔保之原債權，僅其中一不動產發生確定事由時，各最高限額抵押權所擔保之原債權均歸於確定。

解說

　　按共同最高限額抵押權，係指為擔保同一債權，於數不動

產上設定最高限額抵押權之謂，而設定共同最高限額抵押權之數不動產，如其中一不動產發生確定事由者，其他不動產所擔保之原債權有同時確定之必要，爰仿日本民法第398條之17第2項規定，明定如上。又最高限額所擔保之債權範圍（第881條之1第1、2項參照）、債務人及最高限額均屬同一者時，固屬本條所謂同一債權，至於債務人相同，擔保之債權範圍僅部分相同時，是否為本條適用範圍，則留待學說與實務發展。

所稱同一債權，例如基於消費借貸之返還債權，即屬之。但一為消費借貸債權，而設定抵押權，另一為供銷契約債權而設定抵押權，則非屬同一債權。

第881條之11（最高限額抵押權所擔保之原債權確定事由）
最高限額抵押權不因抵押權人、抵押人或債務人死亡而受影響。但經約定為原債權確定之事由者，不在此限。

解說

最高限額抵押權之抵押權人、抵押人或債務人死亡，其繼承人承受被繼承人財產上之一切權利義務，其財產上之一切法律關係，皆因繼承之開始，當然移轉於繼承人（本法第1147條、第1148條參照）。故最高限額抵押權不因此而受影響。但當事人另有約定抵押權人、抵押人或債務人之死亡為原債權確定之事由者，本於契約自由原則，自應從其約定。

第881條之12（最高限額抵押權所擔保之原債權確定事由）

最高限額抵押權所擔保之原債權，除本節另有規定外，因下列事由之一而確定：

一、約定之原債權確定期日屆至者。

二、擔保債權之範圍變更或因其他事由，致原債權不繼續發生者。

三、擔保債權所由發生之法律關係經終止或因其他事由而消滅者。

四、債權人拒絕繼續發生債權，債務人請求確定者。

五、最高限額抵押權人聲請裁定拍賣抵押物，或依第八百七十三條之一之規定為抵押物所有權移轉之請求時，或依第八百七十八條規定訂立契約者。

六、抵押物因他債權人聲請強制執行經法院查封，而為最高限額抵押權人所知悉，或經執行法院通知最高限額抵押權人者。但抵押物之查封經撤銷時，不在此限。

七、債務人或抵押人經裁定宣告破產者。但其裁定經廢棄確定時，不在此限。

第八百八十一條之五第二項之規定，於前項第四款之情形，準用之。

第一項第六款但書及第七款但書之規定，於原債權確定後，已有第三人受讓擔保債權，或以該債權為標的物設定權利者，不適用之。

解說

最高限額抵押權，於抵押權設定時，僅約定於一定金額之限度內擔保已發生及將來可能發生之債權而已，至於實際擔保

之範圍如何，非待所擔保之原債權確定後不能判斷。惟原債權
何時確定？除本節第881條之4、第881條之5、第881條之7第1
項至第3項、第881條之10及第881條之11但書等法律另有規定
者外，尚有諸多確定事由，允宜明文規定，俾杜爭議。爰參酌
日本民法第398條之3、第398條之20、最高法院76年民事庭會
議決議、83年台上字第1055號判例、75年度台上字第2091號判
決、司法院70年10月14日（70）秘台廳（一）字第01707號函
意旨，增訂七款原債權確定之事由。茲詳述之：

一、最高限額抵押權之當事人雙方約定原債權之確定期日者，
　　於此時點屆至時，最高限額抵押權所擔保之原債權即基於
　　當事人之意思而歸於確定。

二、最高限額抵押權本係擔保一定範圍內不斷發生之不特定債
　　權，如因擔保債權之範圍變更或債務人之變更、當事人合
　　意確定最高限額抵押權擔保之原債權等其他事由存在，足
　　致原債權不繼續發生時，最高限額抵押權擔保債權之流動
　　性即歸於停止，自當歸於確定。至所謂「原債權不繼續發
　　生」，係指該等事由，已使原債權確定的不再繼續發生者
　　而言，如僅一時的不繼續發生，自不適用。

三、最高限額抵押權所擔保者，乃由一定法律關係所不斷發生
　　之債權，如該法律關係因終止成因其他事由而消滅，則此
　　項債權不再繼續發生，原債權因而確定。

四、債權人拒絕繼續發生債權時，例如債權人已表示不再繼續
　　貸放借款或不繼續供應承銷貨物。為保障債務人之利益，
　　允許債務人請求確定原債權。

五、抵押權人既聲請裁定拍賣抵押物，或依第873條之1規定為
　　抵押物所有權移轉之請求時，或依第878條規定訂立契約

者，足見其已有終止與債務人間往來交易之意思，故宜將之列為原債權確定之事由。

六、抵押物因他債權人聲請強制執行而經法院查封，其所負擔保債權之數額，與抵押物拍賣後，究有多少價金可供清償執行債權有關，自有確定原債權之必要。惟確定之時點，實務上（最高法院78年度第17次民事庭會議決議參照）以最高限額抵押權人知悉該事實（例如未經法院通知而由他債權人自行通知最高限額抵押權人是），或經執行法院通知最高限額抵押權人時即告確定。但抵押物之查封經撤銷時，例如強制執行法第17條後段、第50條之1第2項、第70條第5項、第71條、第80條之1第1項、第2項，其情形即與根本未實行抵押權無異，不具原債權確定之事由。

七、債務人或抵押人不能清償債務，經法院裁定宣告破產者，應即清理其債務，原債權自有確定之必要。但其裁定經廢棄確定時，即與未宣告破產同，不具原債權確定之事由。

為期法律關係早日確定，以兼顧抵押權當事人雙方之權益，前項第4款債務人請求確定原債權之期日，宜準用第881條之5第2項規定。

第三人如於第1項第6款但書或第7款但書事由發生前，受讓最高限額抵押權所擔保之債權或以該債權為標的物設定權利者，因該抵押權已確定，回復其從屬性，是該抵押權自應隨同擔保，惟於該二款但書事由發生後，最高限額抵押權之確定效果消滅，為保護受讓債權或就該債權取得權利之第三人權益，爰參照日本民法第398條之20第2項規定，明定如上。

第881條之13（請求結算）

最高限額抵押權所擔保之原債權確定事由發生後，債務人或
抵押人得請求抵押權人結算實際發生之債權額，並得就該金
額請求變更為普通抵押權之登記。但不得逾原約定最高限額
之範圍。

解說

　　最高限額抵押權所擔保之原債權於確定事由發生後，其
流動性隨之喪失，該抵押權所擔保者由不特定債權變為特定債
權，惟其債權額尚未確定，爰賦予債務人或抵押人請求抵押
人結算之權，以實際發生之債權額為準。又原債權一經確定，
該抵押權與擔保債權之結合狀態隨之確定，此時該最高限額抵
押權之從屬性即與普通抵押權完全相同，故債務人或抵押人並
得就該金額請求變更為普通抵押權之登記。但抵押權人得請求
登記之數額，不得逾原約定最高限額之範圍，俾免影響後次序
抵押權人等之權益。

實例

　　甲提供不動產予乙，設定最高限額抵押權1,000萬元，
雙方約定五年為借款結算期，五年內甲陸續向乙借得1,200萬
元，利息300萬元，問乙為了確保債權可否變更為普通抵押權
登記為1,500萬元？

　　甲之不動產除了設定第一順位抵押權予乙外，亦可能設定
第二順位抵押權予丙，乙設定之最高限額為1,000萬元，原債
權確定結算時已超過1,000萬元，僅得請求變更1,000萬元之普
通抵押權登記，不得登記為1,500萬元，如逾原先之最高限額

範圍，超過部分不生抵押權效力，以免影響後順序抵押權人之
權利。

第881條之14（確定後擔保效力）
最高限額抵押權所擔保之原債權確定後，除本節另有規定
外，其擔保效力不及於繼續發生之債權或取得之票據上之權
利。

解說

　　最高限額抵押權所擔保之原債權一經確定，其所擔保債權
之範圍亦告確定。至於其後繼續發生之債權或取得之票據上之
權利則不在擔保範圍之內。但本節另有規定者，例如第881條
之2第2項規定，利息、遲延利息、違約金，如於原債權確定後
始發生，但在最高限額範圍內者，仍為抵押權效力所及。

 例

　　甲提供不動產給乙設定2,000萬元最高限額抵押權，甲向
乙借款1,000萬元，雙方結算債權後，乙再借給甲500萬元，並
收取同額支票，問該500萬元借款及票據債權是否為2,000萬元
擔保效力所及？

　　甲乙雙方約定決算期或存續期限，此時屆至，最高限額抵
押權趨於確定。確定時存在之債權為抵押權擔保之範圍，其後
所生之利息、遲延利息、違約金連同本金在最高限額內，為抵
押權效力所及，至於確定以後始發生新的債權，不在原先抵押
權擔保之基礎關係，因此，非抵押權效力所及。甲乙雙方結算

債權後，乙對甲所產生新的債權，非最高限額擔保之範圍，因此該500萬元債權及票據債權非抵押權效力所及。若雙方為排除後順序抵押權，竄改決算期或存續期間，使嗣後產生之新債權納入擔保範圍，則屬有無通謀虛偽為意思表示無效之法律行為，及後順序抵押權人如何舉證之問題。

第881條之15（最高限額抵押權擔保債權之請求權消滅後之效力）

最高限額抵押權所擔保之債權，其請求權已因時效而消滅，如抵押權人於消滅時效完成後，五年間不實行其抵押權者，該債權不再屬於最高限額抵押權擔保之範圍。

解說

最高限額抵押權所擔保之不特定債權，如其中一個或數個債權罹於時效消滅者，因有民法第145條第1項之規定，仍為最高限額抵押權擔保之範圍，該債權倘罹於時效消滅後五年間不實行時，因最高限額抵押權所擔保之債權尚有繼續發生之可能，故最高限額抵押權仍應繼續存在，應無民法第880條之適用，然為貫徹該條規範意旨，明定該債權不屬於最高限額抵押權擔保之範圍。

甲提供土地給乙設定最高限額抵押權500萬元，雙方約定若借款請求權時效消滅，抵押權即消滅，問其效力如何？

不問普通抵押權抑或最高限額抵押權，所擔保之債權，其

請求權已為時效消滅，須經五年抵押權人不實行抵押權，抵押權始消滅。甲乙雙方變更民法第880條及第881條之15之規定，約定時效消滅抵押權即消滅，已違反除斥期間不得變更之強制規定，依民法第71條規定違反強制規定者無效。

第881條之16（擔保債權超過限額）

最高限額抵押權所擔保之原債權確定後，於實際債權額超過最高限額時，為債務人設定抵押權之第三人，或其他對該抵押權之存在有法律上利害關係之人，於清償最高限額為度之金額後，得請求塗銷其抵押權。

解說

　　最高限額抵押權所擔保之原債權確定後，如第三人願代債務人清償債務，既無害於債務人，亦無損於債權人，應無不許之理。為債務人設定抵押權之第三人，例如物上保證人，或其他對該抵押權之存在有法律上利害關係之人，例如後次序抵押權人，於實際債權額超過最高限額時，均僅須清償最高限額為度之金額後，即得請求塗銷抵押權，爰仿日本民法第398條之22，規定如上。又上開利害關係人為清償而抵押權人受領遲延者，自可於依法提存後行之，乃屬當然。惟如債權額低於登記之最高限額，則以清償該債權額即可。

　　乙為了向甲銀行陸續貸款，而提供數筆房地供甲銀行設定最高限額5,000萬元，丙為第二順序之普通抵押權人。甲乙結

算之債權本金連同利息為5,500萬元，丙可否僅代乙清償5,000萬元而請求塗銷抵押權之登記？

　　丙為第二順位之抵押權人，自屬本條所指之法律上利害關係人，其只須清償最高限額之金額後即可請求塗銷抵押權登記，如甲銀行主張須清償5,500萬元，丙可提存該5,000萬元於法院提存所，並訴請甲銀行為塗銷抵押權之登記。

第881條之17（最高限額抵押權準用普通抵押權之規定）
最高限額抵押權，除第八百六十一條第二項、第八百六十九條第一項、第八百七十條、第八百七十條之一、第八百七十條之二、第八百八十條之規定外，準用關於普通抵押權之規定。

解說

　　本條規定最高限額抵押權準用普通抵押權之規定。惟基於最高限額抵押權之最高限額係採取債權最高限額說之規範意旨，係認凡在最高限額範圍內之已確定原債權及其所生之利息、遲延利息與違約金，均應有優先受償權，是利息等債權不應另受第861條第2項所定五年期間之限制，才屬合理；第869條第1項、第870條之規定，在最高限額抵押權於第881條之6第1項、第881條之8已有特別規定；第870條之1、第870條之2之規定，為避免法律關係複雜，於最高限額抵押權不宜準用；第880條之規定，在最高限額抵押權於第881條之15已有特別規定，均排除有適用之列。

第三節　其他抵押權

第882條（權利抵押權）
地上權、農育權及典權，均得為抵押權之標的物。

解說

　　地上權、農育權及典權，都是可以單獨讓與他人的物權，因此，除了以所有權設定抵押權外，本條規定地上權、農育權、典權，這三種權利，可為抵押權的標的。另外特別法如礦業法、漁業法另有規定採礦權及漁業權，可設定抵押權。不得讓與的不動產權利，不得單獨設定權利抵押權，例如租賃權。

第883條（權利與其他抵押權準用抵押權之規定）
普通抵押權及最高限額抵押權之規定，於前條抵押權及其他抵押權準用之。

解說

　　配合本章已分為三節，酌作文字修正，將「法定抵押權」修正為「其他抵押權」，俾使以礦業權、漁業權等為標的物之抵押權或其他特殊抵押權之準用，民法上亦有依據。

第七章

質　權

第一節　動產質權

第884條（動產質權之定義）
稱動產質權者，謂債權人對於債務人或第三人移轉占有而供其債權擔保之動產，得就該動產賣得價金優先受償之權。

解說

　　質權與抵押權同屬擔保物權之一種，設有質權擔保之債權，債權人就拍賣質物所得之價金受清償時，有優先受清償之權。

　　動產質權的成立，以移轉占有為要件，因占有具有公示作用，占有是質權人不可缺乏的表徵，此與抵押權不移轉占有，有很大的不同，質權是從權利，從屬於債權，債權無效，質權亦失效力，此點又與抵押權相同。

第885條（設定質權之生效要件）
質權之設定，因供擔保之動產移轉於債權人占有而生效力。
質權人不得使出質人或債務人代自己占有質物。

解說

　　動產質權以占有由債務人或第三人移轉之動產為其成立及
存續之要件，故質權人須占有質物，始能保全質權之效力。如
質權人不占有質物，其他人不知道質權人有質權，易生弊端，
因此，質權人不可使出質人代理質權人占有質物。出質人設定
質權後，若以借貸或租賃關係仍占有質物，則質權人喪失占
有，質權將消滅。質權人僅取得質物的占有事實，並未取得質
物的所有權，因此債權未屆清償期，質權人無權處分質物，否
則有侵占罪的問題。

第886條（質權之善意取得）

　　動產之受質人占有動產，而受關於占有規定之保護者，縱出
　　質人無處分其質物之權利，受質人仍取得其質權。

解說

　　出質人處分其質物，將質物設定質權予質權人，並交付給
質權人占有，質權即告生效，與抵押權不須交付抵押物不同，
但有時出質人沒有處分的權利，質權人並不知道，在此情形，
為保護善意第三者，質權人相信出質人的處分權，認為出質人
有設定質權的權利，並由質權人占有質物，受質之質權人取得
質權。

　　秦瑞偷了哥哥的電腦，以電腦設定質權給施琪向施琪借
錢，施琪不知電腦是秦瑞偷的，問施琪對電腦是否享有質權？

　　秦瑞偷了哥哥的電腦，設定質權給施琪，將電腦交付施琪占有，施琪不知電腦是秦瑞偷來的，依本法第886條的規定，雖然秦瑞對電腦沒有處分權，但施琪因信賴秦瑞有處分權，施琪並公然占有質物，其取得質權，秦瑞的哥哥只能向秦瑞請求賠償，不能向施琪請求返還電腦。

第887條（動產質權之擔保範圍）
質權所擔保者為原債權、利息、遲延利息、違約金、保存質物之費用、實行質權之費用及因質物隱有瑕疵而生之損害賠償。但契約另有約定者，不在此限。
前項保存質物之費用，以避免質物價值減損所必要者為限。

解說

　　質權所擔保的債權範圍與抵押權相同，包括原債權、利益遲延利息、實行質權的費用（例如拍賣的費用）、因質物有瑕疵所生的損害賠償，因本法第861條已增列「違約金」為抵押權擔保之範圍，且質權人因保存質物所生之費用，例如稅捐、修繕費或其他必要之保存費用，得向出質人請求返還，自亦應為質權擔保之範圍。

第888條（質權人之注意義務）
質權人應以善良管理人之注意，保管質物。
質權人非經出質人之同意，不得使用或出租其質物。但為保存其物之必要而使用者，不在此限。

解說

　　質權人既占有質物，應負保管的義務，所謂善良管理人的注意，指依交易上一般觀念，認為有相當知識經驗及誠意的人所用的注意，已盡這種注意與否，應依抽象的標準決定，質權人有無盡注意的能力在所不問（最高法院29年滬上字第106號判例參照），質權人有保管質物的義務，但並無拍賣質物的義務。

　　質權為擔保物權而非用益物權，故質權人非經出質人之同意，不得使用或出租其質物。但為保存質物之必要而使用者，例如易生鏽之機械，偶而使用之，以防其生鏽等是，應得為之。

第889條（質權人之孳息收取權）

質權人得收取質物所生之孳息。但契約另有約定者，不在此限。

解說

　　質權的設定，移轉占有為要件，因此，質物所生的孳息，由質權人收取。例如甲以狗設定質權給乙，狗在乙家生產，生下的小狗由質權人乙收取，甲不得請求乙返還小狗。

第890條（孳息收取人之注意義務及其抵充）

質權人有收取質物所生孳息之權利者，應以對於自己財產同一之注意收取孳息，並為計算。

前項孳息，先抵充費用，次抵原債權之利息，次抵原債權。孳息如須變價始得抵充者，其變價方法準用實行質權之規定。

解說

　　質權人收取孳息時，應負對於自己財產相同的注意義務，孳息收取後，先抵充費用，其次為利息，次抵原債權。此所稱「費用」自包括「保存質物及收取孳息之費用」在內。至於質權其餘擔保範圍，諸如違約金、實行質權之費用及因質物隱有瑕疵而生之損害賠償等，應分別依其性質納入本項相關項目定其抵充順序。

第891條（責任轉質——非常事變責任）

質權人於質權存續中，得以自己之責任，將質物轉質於第三人。其因轉質所受不可抗力之損失，亦應負責。

解說

　　質權屬財產權的一種，因此在質權存續期間，得將質權轉設質給第三人，如果轉質後受有損失，由質權人負全責，因轉質行為是質權人，由質權人負終局責任畢竟是公平的。

第892條（代位物——質物之變賣價金）

因質物有腐壞之虞，或其價值顯有減少，足以害及質權人之權利者，質權人得拍賣質物，以其賣得價金，代充質物。

前項情形，如經出質人之請求，質權人應將價金提存於法院。質權人屆債權清償期而未受清償者，得就提存物實行其質權。

解說

　　質權人基於占有質物之權，本可占有前項賣得之價金，惟經出質人請求，質權人應將價金提存於法院。又質權人於屆債權清償期未受清償時，自得取回提存物，實行其質權，以之優先受償。此種提存，係以質權人為提存人，出質人為受取人，附以債權清償始得領取之條件。

　　質權人之質物變價／賣權，須滿足兩個要件：一為質物有腐壞之虞，或價值顯有減少，例如水果肉類為質物；二為足以害及質權人之權利。在實行拍賣前，除有不能通知出質人情形，依第894條規定，應先通知出質人。

第893條（質權之實行）
質權人於債權已屆清償期，而未受清償者，得拍賣質物，就其賣得價金而受清償。
約定於債權已屆清償期而未為清償時，質物之所有權移屬於質權人者，準用第八百七十三條之一之規定。

解說

　　質權人於債權已屆清償期未受清償，可拍賣質物，就價金受清償，也可不拍賣質物直接向債務人請求清償，拍賣與否是質權人的權利，並非義務。本條所稱的未受清償包含一部分及

全部。所謂拍賣包括自行出賣，如不自行出售，聲請法院裁定後依動產執行程序拍賣亦可。

因本法第873條之1關於抵押權之流抵約款規定已設有相對禁止規定，即非經登記不得對抗第三人，為求立法體例一致，第2項於流質約款時亦準用之。

實行質權與否為質權人之權利非義務，若質權人不實行，質物跌價，質權人不負責任。又出質人主張質物不存在，質權人主張尚在質權人占有中，雙方有爭議時，質權人可提出確認質權存在之訴，出質人亦可提質權不存在之訴。

質權人拍賣質物之方法為：一、質權人自行拍賣，但應先通知出質人；二、聲請法院許可強制執行之裁定，根據該執行名義由法院執行拍賣。

第894條（拍賣之通知）
前二條情形，質權人應於拍賣前，通知出質人。但不能通知者，不在此限。

解說

質權人主張拍賣質物須先通知出質人，此與抵押權的拍賣不同。質權人通知的方式不拘，包括存證信函、電話、口頭、書信、傳真，但為便於舉證最好以存證信函通知較為妥當。質權人沒有通知出質人而拍賣質物，頂多是負損害賠償責任而已，不因此而涉及侵占罪名。

第895條（拍賣以外質權實行方法之準用）
第八百七十八條之規定，於動產質權準用之。

解說

　　質權人於債權屆滿清償期後，為受清償得與出質人訂立契約，取得動產質物的所有權，或用拍賣以外的方法處分質物。本條規定與流質契約不同，流質契約在債權未屆滿前先為約定，本條的情形則是清償期屆滿才約定質物所有權歸質權人。

第896條（質權人之質物返還義務）
動產質權所擔保之債權消滅時，質權人應將質物返還於有受領權之人。

解說

　　動產質權乃是為了擔保債權，所以債權消滅質權也隨著消滅，債權消滅時質權人有返還質物於所有人或出質人的義務，動產質權所擔保的債權若未消滅，則出質人沒有請求質權人返還質物的權利。

第897條（質權之消滅——返還質物）
動產質權，因質權人將質物返還於出質人或交付於債務人而消滅。返還或交付質物時，為質權繼續存在之保留者，其保留無效。

解說

　　質權人以占有質物為質權的表徵，一旦喪失占有即喪失公示性，因此為保障第三人免受不測損害，質權人返還質物於出質人時質權即消滅，出質人可將質物設質給第三人擔保債權。出質人與質權人約定，返還質物時，質權繼續存在，此約定將使第三人受無妄之災，不知其間的約定而同意出質人設質，因此這樣的約定是無效的。

第898條（質權之消滅——喪失質物之占有）
質權人喪失其質物之占有，於二年內未請求返還者，其動產質權消滅。

解說

　　質權以占有為要素，使第三人得知質權人享有質權，一旦質權人喪失占有質物，無法請求返還，質權存續的要素已欠缺，該質權即消滅。質權人的質物，被第三人竊取，質權人對第三人可依侵權行為之法則請求返還，質物雖喪失占有，但可依法請求返還，質權尚未消滅。

　　且為免因質權人之物上請求權時效過長，將使法律關係長久處於不確定狀態，為從速確定其法律關係，並促進經濟發展，若質權人喪失其質物之占有，未於二年之消滅時效期間內請求返還者，其動產質權消滅。

第899條（質權之消滅──物上代位性）

動產質權，因質物滅失而消滅。但出質人因滅失得受賠償或其他利益者，不在此限。

質權人對於前項出質人所得行使之賠償或其他請求權仍有質權，其次序與原質權同。

給付義務人因故意或重大過失向出質人為給付者，對於質權人不生效力。

前項情形，質權人得請求出質人交付其給付物或提存其給付之金錢。

質物因毀損而得受之賠償或其他利益，準用前四項之規定。

解說

原條文所稱「賠償金」，易使人誤解為質物之代位物僅限於賠償之金錢。實則質物之代位物，不以賠償為限，且在賠償或其他給付義務人未給付前，出質人對該義務人有給付請求權，給付物並未特定，金錢、動產或其他財產權均有可能。

且基於擔保物權之「物上代位性」，質權人所得行使之權利，並未因質物滅失而消滅，故仍有質權，且其次序與原質權同。

質權人之占有係被詐欺，致質物由第三人占有，該質權消滅，質權人得依侵權行為損害賠償之規定向第三人請求。如甲將花瓶交付乙設定質權，丙在乙家中弄破花瓶，丙知悉該花瓶為甲設質給乙，而逕向甲賠償，屬重大過失，對乙不生效力，乙仍可向丙請求給付賠償。

第899條之1（最高限額質權之設定）
債務人或第三人得提供其動產為擔保，就債權人對債務人一定範圍內之不特定債權，在最高限額內，設定最高限額質權。
前項質權之設定，除移轉動產之占有外，並應以書面為之。
關於最高限額抵押權及第八百八十四條至前條之規定，於最高限額質權準用之。

解說

　　基於質權之從屬性，必先有債權發生，始可設定質權，且擔保債權一旦消滅，質權即歸於消滅。長期繼續之交易，須逐筆重新設定質權，對於現代工商業社會講求交易之迅速與安全，不但徒增勞費，造成不便，亦生極大妨害，為彌補上述缺點，實有增訂最高限額質權之必要。

　　最高限額質權之設定為要式行為。為期慎重及法律關係明確化，除須移轉動產之占有以符合質權成立之要件外，尚須以書面為之。

　　最高限額質權，當事人間仍須有最高限額質權之合意，否則，在普通質權與最高限額質權難作區分。

第899條之2（營業質）
質權人係經許可以受質為營業者，僅得就質物行使其權利。
出質人未於取贖期間屆滿後五日內取贖其質物時，質權人取得質物之所有權，其所擔保之債權同時消滅。
前項質權，不適用第八百八十九條至第八百九十五條、第八百九十九條、第八百九十九條之一之規定。

解說

當鋪或其他以受質為營業者所設定之質權，通稱為「營業質」。其為一般民眾籌措小額金錢之簡便方法，有其存在之價值。

為便於行政管理，減少流弊，以受質為營業之質權人以經主管機關許可者為限。又鑑於營業質之特性，質權人不得請求出質人清償債務，僅得專就質物行使其權利，即出質人如未於取贖期間屆滿後五日內取贖其質物時，質權人取得質物之所有權，其所擔保之債權同時消滅。

營業質雖為動產質權之一種，惟其間仍有不同之處，故於最高限額質權、質權人之孳息收取權、轉質、質權之實行方法、質物之滅失及物上代位性等均不在適用之列。

營業質不適用動產質權之若干規定，例如，質物有孳息時，營業質權人應返還予出質人，不適用第892條之規定。營業質權人不得轉質，且流質之約定亦不適用。

第二節　權利質權

第900條（權利質權之定義）

稱權利質權者，謂以可讓與之債權或其他權利為標的物之質權。

解說

權利質權的意思，指所有權以外的財產權為標的的質權，惟質權標的並不是有體的所有權，而是權利，因此只要是可以

轉讓的權利，都可設定權利質權，例如以股票設定質權即是，
不動產物權不適合為權利質權的標的，抵押權為物權的一種，
以抵押權作為權利質權的標的，不生權利質權效力（最高法院
69年台上字第3115號判決參照）。

　　商標、專利、著作權為無體財產權之一，得為質權的標
的，只要當事人以合意為已足，未聲請登記或註冊，不得對抗
第三人，並不影響質權的效力。

第901條（動產質權規定之準用）
權利質權，除本節有規定外，準用關於動產質權之規定。

解說

　　權利質權，除以債權、無記名證券或其他有價證券為標
的物時，依本法第904、908條規定外，只須關於權利讓與的規
定，動產質權設定方式（移轉占有）不在準用之列。以電話機
使用權利設定權利質權，應準用動產質權的規定。

第902條（權利質權之設定）
**權利質權之設定，除依本節規定外，並應依關於其權利讓與
之規定為之。**

解說

　　權利質權的設定，使權利讓與的規定，無再行準用移轉占
有規定的餘地，因兩者有所不同，出質人將記名的公司股票設

定給質權人，除了須交付股票外，另須背書，同時應將質權人之姓名記載於股票，並記載於公司股東名簿上，否則不得對抗公司（最高法院60年台上字第4335號判例參照）。

　　記名股票設定質權後，出質人得以股東名簿及設質之登記證明身分，仍有權出席股東會，無記名股票之股東，無法交付股票證明身分，因此，不得出席股東會。

第903條（處分質權標的物之限制）
為質權標的物之權利，非經質權人之同意，出質人不得以法律行為，使其消滅或變更。

解說

　　為保障質權人的權利，若非徵得質權人同意，出質人不得以法律行為，使質權消滅或變更。非法律行為則不在此限，例如天災、地變、戰爭等致標的物滅失。

第904條（一般債權質之設定）
以債權為標的物之質權，其設定應以書面為之。
前項債權有證書者，出質人有交付之義務。

解說

　　證書之交付，學者通說以為依現行規定為債權質權設定之要件，於設質時有證書而不交付，不生質權設定之效力。惟按債權證書僅係債權存在之證明方法，且證書之有無，質權人常

難以知悉，於無債權證書時，設質以書面為已足，債權證書之
交付並非成立或生效要件。至於有證書，出質人予以隱瞞時，
質權人原屬被欺矇之人，若竟因而使質權設定歸於無效，殊非
合理，應以出質人負有交付證書之義務為宜。

第905條（一般債權質之實行——提存給付物）
為質權標的物之債權，以金錢給付為內容，而其清償期先於
其所擔保債權之清償期者，質權人得請求債務人提存之，並
對提存物行使其質權。
為質權標的物之債權，以金錢給付為內容，而其清償期後於
其所擔保債權之清償期者，質權人於其清償期屆至時，得就
擔保之債權額，為給付之請求。

解說

　　出質人將權利作為質權，該權利的清償期先到，而所擔保
的債權清償期未到，質權人無法實行權利質權，勢必造成出質
人已收取債權，質權人無法享受該債權，因此，准許質權人向
債務人請求提存清償的標的，以保護質權人的利益，債務人提
存給付物後，質權存於該物之上。

第906條（一般債權質之實行——請求給付）
為質權標的物之債權，以金錢以外之動產給付為內容者，於
其清償期屆至時，質權人得請求債務人給付之，並對該給付
物有質權。

解說

　　質權標的物之債權，以金錢以外之動產為給付內容之實行方法。不論質權所擔保債權之清償期如何，均須待質權標的物債權之清償期屆至時，質權人始得請求債務人給付該動產，並對該動產有質權（日本民法第367條第4項參考）。此際，權利質權轉換為動產質權，依動產質權之實行方法實行質權。

第906條之1（一般債權質之實行——物權設定或移轉）
　　為質權標的物之債權，以不動產物權之設定或移轉為給付內容者，於其清償期屆至時，質權人得請求債務人將該不動產物權設定或移轉於出質人，並對該不動產物權有抵押權。
　　前項抵押權應於不動產物權設定或移轉於出質人時，一併登記。

解說

　　本條規定為質權標的物之債權，以不動產物權之設定或移轉為給付內容之實行方法。不論質權所擔保債權之清償期如何，均須待質權標的物債權之清償期屆至時，質權人始得請求債務人將該不動產物權設定或移轉於出質人，並對該不動產物權有抵押權。俾使質權合法轉換為抵押權，以確保質權人之權益，該抵押權為法定抵押權。

　　此乃特殊型態之抵押權，固不以登記為生效要件，惟仍宜於該不動產物權設定或移轉於出質人時，一併登記，俾保障交易安全，以杜紛爭。

　　所謂為質權標的物之債權，以不動產物權之設定或移轉為

給付內容者，例如以土地所有權之移轉登記請求權，作為質權
之標的。

第906條之2（質權之實行）
質權人於所擔保債權清償期屆至而未受清償時，除依前三條
之規定外，亦得依第八百九十三條第一項或第八百九十五條
之規定實行其質權。

解說

　　不論質權標的物之債權給付內容如何，其清償期如何，僅
須質權所擔保債權之清償期屆至而未受清償時，除依第905條
至第906條之1之規定外，亦得依第893條第1項或第895條之規
定實行其質權。易言之，質權人不但得依前三條之規定行使權
利，亦得拍賣質權標的物之債權或訂立契約、用拍賣以外之方
法實行質權，均由質權人自行斟酌選擇之。

第906條之3（權利質權之質權人得行使一定之權利）
為質權標的物之債權，如得因一定權利之行使而使其清償期
屆至者，質權人於所擔保債權清償期屆至而未受清償時，亦
得行使該權利。

解說

　　質權以債權為標的物者，本須待供擔保之債權屆清償期
後，質權人方得為給付之請求，然若干債權，其清償期之屆至

並非自始確定，須待一定權利之行使後，方能屆至，例如未定返還期限之消費借貸債權，貸與人依民法第478條之規定須定一個月以上之相當期限催告，始得請求返還是。於此情形，質權人之債權已屆清償期，但供擔保之債權因出質人（債權人）未為或不為該一定權利之行使時，質權人能否行使此種權利，非無爭議，為維護其實行權，乃賦予質權人亦得行使該權利。

第906條之4（通知義務）
債務人依第九百零五條第一項、第九百零六條、第九百零六條之一為提存或給付時，質權人應通知出質人，但無庸得其同意。

解說

　　債務人依第905條第1項、第906條、第906條之1為提存或給付時，因債權質權依法轉換為動產質權或抵押權，對出質人之權益雖無影響，惟出質人仍為質權標的物之主體，宜讓其有知悉實際狀況之機會，故明定質權人應通知出質人，但無庸得其同意。又此項通知，並非債務人依上開規定所為提存或給付之成立或生效要件，如質權人未通知出質人，致出質人受有損害，僅生損害賠償之問題。

第907條（第三債務人之清償）
為質權標的物之債權，其債務人受質權設定之通知者，如向出質人或質權人一方為清償時，應得他方之同意。他方不同意時，債務人應提存其為清償之給付物。

解說

　　債權出質，應通知債務人，債務人既受通知，非經出質人或質權人同意，不得向一方清償債務，債務人如未獲一方同意，就永遠無法脫離債務關係，因此債務人可提存清償的標的。

第907條之1（債務人不得主張抵銷）
為質權標的物之債權，其債務人於受質權設定之通知後，對出質人取得債權者，不得以該債權與為質權標的物之債權主張抵銷。

解說

　　權利質權為擔保物權之一種，質權人於一定限度內，對該為標的物之債權，具有收取權能，故對該債權之交換價值，應得為相當之支配，方足以貫徹其擔保機能。出質人與債務人自不得為有害於該權能之行為。參照本法第340條、第902條、第297條之規定，明示第三債務人不得以受質權設定之通知後所生之債權與為質權標的物之債權抵銷，以保障質權人之權益。

第908條（有價證券債權質之設定）
質權以未記載權利人之有價證券為標的物者，因交付其證券於質權人，而生設定質權之效力。以其他之有價證券為標的物者，並應依背書方法為之。
前項背書，得記載設定質權之意旨。

解說

　　無記名證券的質權，應與以證券為標的的質權（動產質權）同視，以無記名證券設質者，須將證券交付於質權人，才生設定質權的效力。而記名的證券，則除了交付外，並應以背書方法，才生設質的效力。

　　為謀出質人權益、交易安全之維護及交易成本減少之平衡，並符私法自治原則，所謂背書方法，得記載設定質權之意旨，以期明確。

第909條（有價證券債權質之實行）
質權以未記載權利人之有價證券、票據、或其他依背書而讓與之有價證券為標的物者，其所擔保之債權，縱未屆清償期，質權人仍得收取證券上應受之給付。如有使證券清償期屆至之必要者，並有為通知或依其他方法使其屆至之權利。債務人亦僅得向質權人為給付。
前項收取之給付，適用第九百零五條第一項或第九百零六條之規定。
第九百零六條之二及第九百零六條之三之規定，於以證券為標的物之質權，準用之。

解說

　　考量票據等有價證券，必須在特定期間內為收取，以保全證券權利，故賦予質權人於其債權屆清償期前得單獨預先收取證券上之給付。然有價證券中有須先為一定權利之行使，其清償期方能屆至者，例如見票後定期付款之匯票（票據法第67條

參照），出質人須先為匯票見票之提示，或約定債權人可提前請求償還之公司債券，出質人須先為提前償還之請求是。此種情況，若有必要時，質權人得否行使該權利，非無爭議，爰參考德國民法第1294條規定，予以修正，以杜爭議。又所謂「有為通知或依其他方法使其屆至之權利」，例如須先為匯票提示以計算到期日或通知公司債之發行人提前清償是，併予指明。

質權人依第1項收取之給付，其內容有屬金錢者，有金錢以外之動產者，質權人之實行方法，應依第905條第1項或第906條之規定。

為保障以證券為標的物之質權人之權益，得準用第906條之2及第906條之3規定，以利適用。

第910條（證券債權質之標的物範圍）
質權以有價證券為標的物者，其附屬於該證券之利息證券、定期金證券或其他附屬證券，以已交付於質權人者為限，亦為質權效力所及。
附屬之證券，係於質權設定後發行者，除另有約定外，質權人得請求發行人或出質人交付之。

解說

附屬之證券，如係於質權設定後發行者，是否為質權效力所及？依本法第901條準用第889條規定，除契約另有約定外，質權人自得收取質物所生之孳息，亦即質權之效力，應及於證券設質後所生之孳息（最高法院63年度第3次民庭庭推總會決議（二）參照）。

|第八章|
典　權

第911條（典權之意義）

稱典權者，謂支付典價在他人之不動產為使用、收益，於他人不回贖時，取得該不動產所有權之權。

解說

　　典權之成立究否以占有他人之不動產為要件，學說與實務（最高法院38年台上字第163號判例參照）尚有爭議。惟查占有僅係用益物權以標的物為使用收益之當然結果，乃為典權之效力，非成立要件，故將「占有」修正為「在他人之不動產」，並酌為文字調整。

　　又典權特質之一，乃出典人未行使回贖權時，典權人即取得典物所有權，以活化典權之社會功能。

第912條（典權之期限）

典權約定期限不得逾三十年；逾三十年者，縮短為三十年。

解說

　　典權並無存續的最少年限，任由當事人約定，但是存續

期間太長，有礙經濟的發展，因此本條規定存續期間不可超過
三十年，超過三十年時，縮短為三十年。

第913條（絕賣之限制）
典權之約定期限不滿十五年者，不得附有到期不贖即作絕賣
之條款。
典權附有絕賣條款者，出典人於典期屆滿不以原典價回贖
時，典權人即取得典物所有權。
絕賣條款非經登記，不得對抗第三人。

解說

典權之典期在十五年以上而附有絕賣條款者，出典人於典
期屆滿後不以原典價回贖時，典權人是否當然取得典物之所有
權，學說並不一致，為免有害交易安全，規定如上。

當事人約定有絕賣條款者，經登記後方能發生物權效力，
足以對抗第三人，故土地及典權之受讓人或其他第三人（例如
抵押權人），當受其拘束。

第914條（刪除）

第915條（典物之轉典或出租）
典權存續中，典權人得將典物轉典或出租於他人。但另有約
定或另有習慣者，依其約定或習慣。

典權定有期限者，其轉典或租賃之期限，不得逾原典權之期限，未定期限者，其轉典或租賃，不得定有期限。

轉典之典價，不得超過原典價。

土地及其土地上之建築物同屬一人所有，而為同一人設定典權者，典權人就該典物不得分離而為轉典或就其典權分離而為處分。

解說

　　土地及土地上建築物之同一典權人，就其典權原得自由而為轉典或其他處分，然為避免法律關係之複雜化，爰對於同一人所有之土地及土地上建築物，同時或先後為同一人設定典權之情形，增列限制規定，典權人就其典物即土地及其土地上之建築物不得分離而為轉典或就其典權分離而為處分。

　　典權人得將典物轉典他人，此為轉典權，但轉典之期限不得超過原典權之期限轉典之典價，也不得超過原典價。

第916條（典權人因轉典出租之損害賠償責任）

典權人對於典物因轉典或出租所受之損害，負賠償責任。

解說

　　典權人因占有典物，其負有保管的責任，如滅失時依本法第922條規定，應負賠償責任。轉典或出租予他人後，轉典權人或承租人為直接占有典物者（直接占有人），典權人則係間接占有典物（間接占有人），一旦典物滅失或因人為因素價值降低，典權人應負賠償責任，以彌補出典人無妄之災。

第917條（典權之讓與）

典權人得將典權讓與他人或設定抵押權。

典物為土地，典權人在其上有建築物者，其典權與建築物，不得分離而為讓與或其他處分。

解說

　　典權為財產權之一種，依其性質，典權人得自由處分其權利，亦得以其權利設定抵押權，以供擔保債務之履行。為周延計，增訂典權人得將典權設定抵押權之規定。

　　典權人在典物之土地上營造建築物者，典權與該建築物應不得各自分離而為讓與或其他處分，例如建築物設定抵押權時，典權亦應一併設定抵押權，反之亦同，俾免因建築物與土地之使用權人不同，造成法律關係複雜之困擾。

第917條之1（典權人之義務）

典權人應依典物之性質為使用收益，並應保持其得永續利用。

典權人違反前項規定，經出典人阻止而仍繼續為之者，出典人得回贖其典物。典權經設定抵押權者，並應同時將該阻止之事實通知抵押權人。

解說

　　不動產是人類生存之重要資源，固應物盡其用，發揮其最大經濟效益，然為免自然資源之枯竭，與不動產本質之維護，使其得永續利用，仍應力求其平衡。典權人對典物之使用收益

應依其性質為之，不得為性質之變更，就建築物之用益不得有不能回復其原狀之變更，土地尤不得過度利用，戕害其自我更新之能力，以保持典物得永續利用。

倘典權人違反上開義務，為維護出典人權益及不動產資源之永續性，應使出典人有阻止之權。如經阻止而仍繼續為之者，並使其有回贖典物之權，以保護出典人。若典權經設定抵押權者，為保障抵押權人之權益，增訂出典人於阻止典權人時，應同時將該阻止之事實通知抵押權人之規定。

第918條（典物之讓與）
出典人設定典權後，得將典物讓與他人。但典權不因此而受影響。

解說

出典人之債權人就典物為禁止出典人讓與所有權之假扣押時，典權人不得提起異議之訴。出典人設定典權後，將典物讓與第三人，該典權仍存在於該典物，典權人不受影響。

第919條（留買權）
出典人將典物出賣於他人時，典權人有以相同條件留買之權。
前項情形，出典人應以書面通知典權人。典權人於收受出賣通知後十日內不以書面表示依相同條件留買者，其留買權視為拋棄。

出典人違反前項通知之規定而將所有權移轉者，其移轉不得
對抗典權人。

解說

原條文規定之留買權僅具債權之效力，其效力過於薄弱。
為期產生物權之效力，該留買權必具有優先於任何人而購買之
效果，出典人不得以任何理由拒絕出賣。又為兼顧出典人之利
益，典權人聲明留買不宜僅限於同一之價額，必條件完全相
同，始生留買問題。

為期留買權之行使與否早日確定，明定出典人應踐行通知
典權人之義務及典權人於收受通知後十日內不為表示之失權效
果，期使法律關係早日確定。

為使留買權具有物權之效力，明定出典人違反通知義務而
將所有權移轉者，不得對抗典權人。

典權人合於留買權之要件，出典人如拒絕與典權人訂立買
賣契約，典權人得以訴訟請求訂立買賣契約。

出典人如違反本條之規定，將典物移轉登記他人，其移轉
登記不得對抗典權人，典權人得訴請該移轉行為無效。上開二
訴訟典權人得合併起訴。

第920條（危險分擔）

典權存續中，典物因不可抗力致全部或一部滅失者，就其滅
失之部分，典權與回贖權，均歸消滅。

前項情形，出典人就典物之餘存部分，為回贖時，得由原典
價扣除滅失部分之典價。其滅失部分之典價，依滅失時滅失
部分之價值與滅失時典物之價值比例計算之。

解說

　　第2項原規定回贖典物時扣減原典價之方法，在扣盡原典價之情形下，有類於典權人負擔全部損失，尚欠公平，爰修正為依滅失時典物滅失部分之價值與滅失時典物價值之比例扣減之，以期公允。例如出典房屋一棟，典價為90萬元，因不可抗力致房屋一部滅失，經估算滅失時房屋價值為300萬元，該滅失部分為180萬元，如依原法規定，回贖金額為90－(180×1/2)＝0，即出典人不須支付任何金額即可回贖原典物之餘存部分，甚不公平。如依修正條文計算之，滅失時滅失部分之典價為54萬元（90×180/300），回贖金額為36萬元（90－54）即出典人須按比例支付36萬元，始得回贖典物房屋餘存之部分。

第921條（典權人之重建修繕權）
典權存續中，典物因不可抗力致全部或一部滅失者，除經出典人同意外，典權人僅得於滅失時滅失部分之價值限度內為重建或修繕。原典權對於重建之物，視為繼續存在。

解說

　　物權因標的物滅失而消滅，固係物權法之原則。惟為保護典權人之權益，典物因不可抗力致全部或一部滅失者，特賦予重建或修繕之權，是以典權人依本條規定為重建時，原典權仍應視為繼續存在於重建之標的物上，以釐清典權人與出典人間之權利義務關係。

第922條（典權人保管義務與賠償責任）
典權存續中，因典權人之過失，致典物全部或一部滅失者，典權人於典價額限度內，負其責任。但因故意或重大過失致滅失者，除將典價抵償損害外，如有不足，仍應賠償。

解說

　　典物滅失係不可抗力，典權人不負賠償責任，如果是典權人輕微過失導致典物滅失，則在典價額限度內負責，如果是重大過失或故意的行為，除了以典價賠償外，應依本法侵權行為的規定，負賠償的責任。一方面督促典權人妥善保管典物，他方面使出典人的權利得以確保。如出典人甲將房屋及土地典給乙，典價為20萬元，由於乙的輕微過失致房屋火災滅失，房屋價值為200萬元，乙僅負責20萬元的賠償責任。假設乙是重大過失或故意致房屋火災，則乙不僅應以20萬元充作賠償外，並應賠償180萬元。過失責任的輕重，嚴重影響典權人的賠償責任。

第922條之1（典權之存續）
因典物滅失受賠償而重建者，原典權對於重建之物，視為繼續存在。

解說

　　物權通常因標的物之滅失而消滅，標的物於其後回復者，非有物權發生之原因或法律之規定，要不能當然回復。典權人因受賠償所重建滅失之典物，學者通說認為在重建範圍內原典

權視為繼續存在。

第923條（定期典權之回贖）

典權定有期限者，於期限屆滿後，出典人得以原典價回贖典
物。

出典人於典期屆滿後，經過二年，不以原典價回贖者，典權
人即取得典物所有權。

解說

　　所謂「回贖」乃出典人支付原典價消滅典權的單獨行為。
回贖的主體包括原出典人或受讓人。對象則為典權人。回贖是
出典人的權利並非義務，因此，典權人對出典人並沒有回贖請
求權（最高法院33年上字第6387號判例參照）。

　　典權定有期限者，應於屆滿後二年內回贖，當事人若同意
延長典權期限，應在屆滿前協議；在期滿後才以契約約定加長
回贖期間，違背二年期間的規定，將不生效力，該二年期間是
「除斥期間」，沒有時效中斷的問題。

　　出典人於典期屆滿後二年內不回贖，典權人取得典物的所
有權，此種取得是原始取得。

##

　　張楓將房屋土地設定典權予黃誠，期限十五年，期限內
土地及房屋遭張楓的債權人陳嬌實施假扣押查封，期限屆滿二
年後張楓未回贖，陳嬌聲請拍賣該房地，黃誠可否提起異議之
訴？

出典人於典權期間屆滿後，經過二年不回贖，典權人即原始取得所有權，並非出典人的移轉登記而取得，因此不受陳嬌查封的影響。黃誠既已取得所有權，自可對陳嬌提起異議之訴。

第924條（未定期典權之回贖）

典權未定期限者，出典人得隨時以原典價回贖典物。但自出典後經過三十年不回贖者，典權人即取得典物所有權。

解說

出典人與典權人間未訂定典權期限時，出典人可隨時以原典價回贖典物。所謂未訂定典權期限，指未以正面或間接方式，約定若干年期滿始得回贖、或典權期限若干年；若約定十年後始可回贖，仍是定期的典權。定期的典權，以契約變更為不定期的典權為法律所許。

不定期典權超過三十年，出典人不回贖，典權人原始取得典物的所有權，典權人沒有通知出典人回贖的義務，出典人抗辯典權人未通知，仍無濟於事。

第924條之1（出典人逐行回贖）

經轉典之典物，出典人向典權人為回贖之意思表示時，典權人不於相當期間向轉典權人回贖並塗銷轉典權登記者，出典人得於原典價範圍內，以最後轉典價逐向最後轉典權人回贖典物。

前項情形，轉典價低於原典價者，典權人或轉典權人得向出典人請求原典價與轉典價間之差額。出典人並得為各該請求權人提存其差額。

前二項規定，於下列情形亦適用之：

一、典權人預示拒絕塗銷轉典權登記。

二、典權人行蹤不明或有其他情形致出典人不能為回贖之意思表示。

解說

　　轉典後，出典人回贖時究應向典權人抑或轉典權人為之？按行使回贖權時原應提出原典價為之，然轉典後，可能有多數轉典權存在，為避免增加出典人行使回贖權之負擔，及向典權人回贖，而其未能塗銷轉典權時，出典人若向最後轉典權人回贖，須再次提出典價，恐遭受資金風險之不利益，故明定出典人回贖時，僅須先向典權人為回贖之意思表示，典權人即須於相當期間內，向其他轉典權人回贖，並塗銷轉典權，嗣出典人提出原典價回贖時，典權人始塗銷其典權。如典權人不於相當期間向轉典權人回贖並塗銷轉典權登記者，為保障出典人之利益，特賦予出典人得提出於原典價範圍內之最後轉典價逐向最後轉典權人回贖之權利。

　　出典人依前項規定向最後轉典權人回贖時，原典權及全部轉典權均歸消滅。惟轉典價低於原典價或後轉典價低於前轉典價者，應許典權人及各轉典權人分別向出典人請求相當於自己與後手間典價之差額，出典人並得為各該請求權人提存該差額，俾能保護典權人與轉典權人之權益，而符公平。例如甲將土地一宗以1,000萬元出典於乙，乙以900萬元轉典於丙，丙復

以800萬元轉典於丁。乙、丙、丁如仍有回贖權時，甲依前項規定以最後轉典價即800萬元向丁回贖者，乙之典權及丙、丁之轉典權均歸消滅，乙、丙就自己與後手間各100萬元之典價差額，均得向甲請求返還。出典人甲並得分別為乙、丙提存典價之差額各100萬元。

　　轉典為典權人之權利，非出典人所過問，然究不能因此過度增加出典人之負擔，故若典權人預示拒絕塗銷轉典權登記；行蹤不明或有其他情形致出典人不能為回贖之意思表示者，為避免增加出典人行使回贖權之困難，明定前二項規定亦適用之。

第924條之2（推定租賃關係）

土地及其土地上之建築物同屬一人所有，而僅以土地設定典權者，典權人與建築物所有人間，推定在典權或建築物存續中，有租賃關係存在；其僅以建築物設定典權者，典權人與土地所有人間，推定在典權存續中，有租賃關係存在；其分別設定典權者，典權人相互間，推定在典權均存續中，有租賃關係存在。

前項情形，其租金數額當事人不能協議時，得請求法院以判決定之。

依第一項設定典權者，於典權人依第九百十三條第二項、第九百二十三條第二項、第九百二十四條規定取得典物所有權，致土地與建築物各異其所有人時，準用第八百三十八條之一規定。

解說

　　同屬於一人所有之土地及其建築物，可否僅以土地或建築物出典或將土地及其建築物分別出典於二人？實務上認為所有人設定典權之書面，雖僅記載出典者為建築物，並無基地字樣，但使用建築物必須使用該土地，除有特別情事，可解為當事人之真意，僅以建築物為典權之標的物外，應解為該土地亦在出典之列。惟查土地與建築物為各別獨立之不動產（本法第66條第1項），原得獨立處分，而法律又未限制典權人用益典物之方法，典權人不自為用益亦無不可，僅以土地或建築物設定典權或分別設定，亦有可能，是上開見解非無斟酌餘地。而同一人所有之土地及建築物單獨或分別設定典權時，建築物所有人與土地典權人、建築物典權人與土地所有人、建築物典權人與土地典權人間，關於土地之利用關係如何，倘當事人間有特別約定，自應依其特別約定，如無特別約定，應擬制當事人真意為建築物得繼續利用其基地，明定於典權存續中，推定有租賃關係，以維護當事人及社會之經濟利益。例如：建築物與土地之所有人只出典土地，於典權存續中推定土地典權人與建築物所有人間有租賃關係，但若建築物先滅失時，租賃關係應歸於消滅；倘所有人只出典建築物，於典權存續中，推定建築物典權人與土地所有人間有租賃關係，若因建築物滅失而未重建致典權消滅者，租賃關係應歸於消滅；倘所有人將土地及建築物出典給不同人，於典權均存續中，建築物典權人與土地典權人間推定有租賃關係，如土地及建築物典權之一先消滅，則回歸適用本項前段或中段規定，至若建築物及土地均未經回贖者，則屬本條第3項之適用問題，併予敘明。

　　又租金數額本應由當事人自行協議定之；如不能協議時，

始得請求法院定之。

依第1項設定典權者，於典權人依本法第913條第2項、第923條第2項及第924條規定取得典物所有權致土地與建築物各異其所有人時，已回歸為建築物所有人與土地所有人間之關係，為使建築物對基地使用權單純及穩定，明定準用第838條之1規定，視為已有地上權之設定。

第925條（回贖之通知）
出典人之回贖，應於六個月前通知典權人。

解說

現代之土地耕作，邁向多元化，農作物之種植常有重疊情形，故收益季節難以明確劃分，如依原明定規定，出典人之回贖，事實上將有窒礙難行之處。為符實際，出典人之回贖，不論典物為耕作地或其他不動產，均應於六個月前通知典權人，使典權人有從容預備之機會，而免意外之損失。

第926條（找貼與其次數）
出典人於典權存續中，表示讓與其典物之所有權於典權人者，典權人得按時價找貼，取得典物所有權。
前項找貼，以一次為限。

解說

所謂「找貼」指典權存續中，出典人將典物所有權讓與典

權人，典權人支付典價與典物價值差額，使典權消滅，典權人
取得典物所有權的方法。出典人並沒有權利請求典權人按時價
找貼。典權人自願取得典物所有權，找貼時以一次為限。

第927條（有益費用之求償權）

典權人因支付有益費用，使典物價值增加，或依第九百二十
一條規定，重建或修繕者，於典物回贖時，得於現存利益之
限度內，請求償還。

第八百三十九條規定，於典物回贖時準用之。

典物為土地，出典人同意典權人在其上營造建築物者，除另
有約定外，於典物回贖時，應按該建築物之時價補償之。出
典人不願補償者，於回贖時視為已有地上權之設定。

出典人願依前項規定為補償而就時價不能協議時，得聲請法
院裁定之；其不願依裁定之時價補償者，於回贖時亦視為已
有地上權之設定。

前二項視為已有地上權設定之情形，其地租、期間及範圍，
當事人不能協議時，得請求法院以判決定之。

解說

　　典物為土地，出典人同意典權人在其上營造建築物者，除
另有約定外，於典物回贖時，應按該建築物之時價補償之，以
維護典權人之利益。出典人不願以時價補償者，於回贖時視為
已有地上權之設定，俾顧及社會整體經濟利益，並解決建築基
地使用權源之問題，明定如上。至如出典人未曾同意典權人營
造建築物者，除另有約定外，於典物回贖時，出典人得請求典

權人拆除並交還土地，乃屬當然。

　　出典人願依前項規定為補償而補償時價不能協議時，為兼顧雙方之權益，宜聲請法院裁定之。如經裁定後，出典人仍不願依裁定之時價補償，為保障典權人之利益及解決基地使用權問題，於典物回贖時，亦視為已有地上權之設定。

　　前二項視為已有地上權設定之情形，其地租、期間及範圍，基於私法自治之原則，宜由當事人協議定之；如不能協議時，始請求法院以判決定之。

第九章

留置權

第928條（留置權之發生）

稱留置權者，謂債權人占有他人之動產，而其債權之發生與該動產有牽連關係，於債權已屆清償期未受清償時，得留置該動產之權。

債權人因侵權行為或其他不法之原因而占有動產者，不適用前項之規定。其占有之始明知或因重大過失而不知該動產非為債務人所有者，亦同。

解說

　　留置權之標的物依原條文規定，以屬債務人所有者為限。然為期更能保障社會交易安全及貫徹占有之公信力，且事實上易常有以第三人之物作為留置對象，故修正為不以屬於債務人所有為限。

　　為更維護公平原則，法律不允許債權人以侵權行為或其他不法原因取得留置權。

 例

　　某甲向其父借A車南下旅行，途中因車輛拋錨就近向某乙所開設之修車廠維修，約定車子修復後再來牽車，惟嗣後卻不見某甲依約前來，試問某乙得否留置甲父之A車？

　　某乙依約修復A車，其債權已屆清償期，且該維修費用與A車有牽連關係，依第928條規定，縱使A車非債務人甲之所有，某乙亦得對該A車行使留置權。

第929條（牽連關係之擬制）
商人間因營業關係而占有之動產，與其因營業關係所生之債權，視為有前條所定之牽連關係。

解說

　　前條規定留置權要件中，債權的發生與動產有牽連關係，範圍較狹隘，商人間的交易頻繁，留置權應較一般為廣，因此本條規定，商人間因營業關係所生的債權，與因營業關係而占有的動產，就可視為有牽連關係，成立留置權，縱使債權與占有動產，基於不同的關係，且沒有因果關係不影響留置權的成立。第928條是民事上的留置權，本條則是商事上的留置權，商事留置權在加強商業信用，促進交易安全。

第930條（留置權發生之限制）
動產之留置，違反公共秩序或善良風俗者，不得為之。其與債權人應負擔之義務或與債權人債務人間之約定相牴觸者，亦同。

解說

留置權有下列情形者,不能成立:

一、占有動產因侵權行為者:不許非法占有而成立合法的留置
權。

二、違反公共秩序或善良風俗而占有動產:例如留置他人的畢
業證書、身分證等,乃違反善良風俗。

三、動產的留置與債權人所承擔的債務或與債務人於交付動產
前所為的指示相牴觸。

第931條 (留置權之擴張)

**債務人無支付能力時,債權人縱於其債權未屆清償期前,亦
有留置權。**

**債務人於動產交付後,成為無支付能力,或其無支付能力於
交付後始為債權人所知者,其動產之留置,縱有前條所定之
牴觸情形,債權人仍得行使留置權。**

解說

債權人行使留置權,雖以債權屆清償期為要件,但債務人
已無支付能力時,則不須至清償期屆滿,以保障債權人權益,
避免過苛。

債務人於動產交付後,成為無支付能力,或債務人無支付
能力後才交付動產,為債權人所知,債權人仍可行使留置權,
不受前條的限制,以保障債權人利益。

第932條（留置權之不可分性）
債權人於其債權未受全部清償前，得就留置物之全部，行使
其留置權。但留置物為可分者，僅得依其債權與留置物價值
之比例行使之。

解說

按留置權因係擔保物權，自具有不可分性。惟留置權之作
用乃在實現公平原則，過度之擔保，反失公允，故增設但書規
定，以兼顧保障債務人或留置物所有人之權益。

第932條之1（留置物存有所有權以外之物權之效力）
留置物存有所有權以外之物權者，該物權人不得以之對抗善
意之留置權人。

解說

留置物存有所有權以外物權之情形，事所恆有，例如留
置物上存有質權等是。物權之優先效力，本依其成立之先後次
序定之。惟留置權人在債權發生前已占有留置物，如其為善意
者，應獲更周延之保障，該留置權宜優先於其上之其他物權。
至留置物所有人於債權人之債權受清償前，本不得請求返還留
置物之占有，其乃留置權之本質。

第933條（準用規定）
第八百八十八條至第八百九十條及第八百九十二條之規定，
於留置權準用之。

解說

　　留置權與質權同為擔保物權，均以占有動產促使債務人清
償其債務為目的。故質權存續中質權人對質物之保管義務、使
用或出租之限制、孳息收取權及有腐敗之虞時之變價權，在留
置權亦應準用。再者，留置物之使用或出租之同意，係指經留
置物所有人之同意而言。

第934條（必要費用償還請求權）
債權人因保管留置物所支出之必要費用，得向其物之所有
人，請求償還。

解說

　　債權人留置動產，有時須支付必要費用，例如留置雞、
牛、羊等，須購買飼料，該費用債權人得向債務人請求返還。

第935條（刪除）

第936條（留置權之實行）

債權人於其債權已屆清償期而未受清償者，得定一個月以上之相當期限，通知債務人，聲明如不於其期限內為清償時，即就其留置物取償；留置物為第三人所有或存有其他物權而為債權人所知者，應併通知之。

債務人或留置物所有人不於前項期限內為清償者，債權人得準用關於實行質權之規定，就留置物賣得之價金優先受償，或取得其所有權。

不能為第一項之通知者，於債權清償期屆至後，經過六個月仍未受清償時，債權人亦得行使前項所定之權利。

解說

　　債權人通知債務人清償時，最好以存證信函為之，以求慎重。通知後若債務人提供擔保，則留置權消滅。若為第三人之動產既得為留置權之標的物，該第三人自得以利害關係人之地位清償債務。屆期一個月債務人未清償，則債權人得依市價變賣，但須經法院、公證人、警察機關等之證明。如果債權人不拍賣，也可與債務人訂立契約，取得留置物的所有權。

　　債務人的住、居所不明，債權人通知債務人不著，或無法通知時，債權清償期屆滿後六個月仍未受清償者，債權人仍可實行拍賣留置物。

第937條（留置權之消滅——提出相當擔保）

債務人或留置物所有人為債務之清償，已提出相當之擔保者，債權人之留置權消滅。

第八百九十七條至第八百九十九條之規定，於留置權準用之。

解說

留置權人原則上不得使用留置物，僅於必要範圍內才可利用，而留置物的所有人因喪失占有，無法使用留置物，留置物無法達到物盡其用之功能，故本條准許債務人（即留置物所有人）提供擔保，以消滅留置權，使留置物可供所有人使用收益。所謂相當的擔保，相當於債權額的擔保還是相當於留置物價格的擔保？如債權額5萬元，留置物3萬元的價值，則提供相當於留置物的價值3萬元即可，若債權額5萬元，留置物值7萬元，則提供債權額5萬元即可。所謂提供擔保，乃設立質權、抵押權等。

又第2項增列留置權消滅原因準用質權規定，係因留置權與質權均屬動產擔保物權，其目的係由債權人占有債務人或第三人所有之動產，以確保債務之受償，二者性質近似之故，是以本項之增設並不排除質權之其他相關規定仍得類推適用。

第938條（刪除）

第939條（留置權之準用）
本章留置權之規定，於其他留置權準用之。但其他留置權另有規定者，從其規定。

解說

  留置權之成立,並不都是法定者,其他留置權亦可納入,並酌作文字修正。

|第十章|

占　有

第940條（直接占有人）

對於物有事實上管領之力者，為占有人。

解說

　　占有僅占有人對於物有事實上的管領力者即是，不以物放置一定處所，或標示為何人占有為生效條件。若對物沒有事實管領力，縱使放置一定處所或標示某人占有，不能認為占有，因占有是事實。占有的法律效力頗多，例如使用收益權、費用償還請求權、即時取得、占有請求權等均與占有息息相關。

第941條（間接占有人）

地上權人、農育權人、典權人、質權人、承租人、受寄人，或基於其他類似之法律關係，對於他人之物為占有者，該他人為間接占有人。

解說

　　原條文關於直接占有人之例示多屬動產占有人，實則對不動產亦得成立占有，爰增列地上權人、農育權人、典權人，以資補充。

占有人於標的物上行使權利，推定為適法，若他人就該標的物上之權利有所爭執，須提出取得權源之證據，否則，仍須保護占有人之利益。

第942條（占有輔助人）
受僱人、學徒、家屬或基於其他類似之關係，受他人之指示，而對於物有管領之力者，僅該他人為占有人。

解說

按本條所規定受他人指示而對於物有管領力者，乃指示人之占有輔助機關，亦即學說所稱之「占有輔助人」。而日常生活中亦常因家屬關係，受他人指示而為占有之輔助，爰增列「家屬」以資涵括。

受僱人、學徒、家屬等均係占有輔助人。夫妻之間同住占有房屋，屬共同占有，而非一方是他方之占有輔助人。

第943條（占有權利之推定）
占有人於占有物上行使之權利，推定其適法有此權利。
前項推定，於下列情形不適用之：
一、占有已登記之不動產而行使物權。
二、行使所有權以外之權利者，對使其占有之人。

解說

關於依占有而推定其權利適法之原則，德國民法第1006

條、瑞士民法第930條及日本民法第188條等均著有明文。其中日本民法以「物」為規範對象，德、瑞則限於動產始有適用。本法原參仿日本民法之體例而訂定本條。然而，關於物權之變動，動產以交付占有為生效要件，不動產則非經登記不生效力；兩者之公示方法完全不同。對於已登記之不動產物權，其交易相對人所應信賴者，乃地政機關之登記，尤不能依憑不動產之現時占有狀態而為權利之推定（本法第759條之1參照），因此，日本法制雖以登記為不動產物權變動之對抗要件，但其有力學說仍認第188條對於已登記之不動產並不適用（川島武宜編，注釋民法第七冊，物權2，第55頁參照）；我國學者間亦多持同一主張（黃右昌著，民法物權詮解，第444頁；史尚寬著，物權法論，第525等參照）是宜將「已登記之不動產物權」排除適用。

占有人依第1項規定，於占有物上行使權利，僅須證明其為占有人，即受本條權利之推定，就其占有物上行使之權利，不負舉證責任。惟於根據債權（如租賃或借貸）或限制物權（如動產質權）等所有權以外之權利而占有他人之物者，在占有人與使其占有人間，如逕依第1項規定而為權利適法之推定，其結果殊欠合理。例如甲將物交付乙占有，嗣甲以所有物返還請求權請求乙返還，乙認為其間有租賃關係存在，主張因租賃權而占有。依訴訟法上舉證責任分配之法則，乙對有權占有之事實負舉證責任，惟如依原規定即得主張有租賃權而無庸另負舉證之責，顯與訴訟法上舉證責任分配之法則有違，且有欠公平。爰參考瑞士民法第931條第2項但書之精神，明定於占有人行使所有權以外之權利時，占有人不得對使其占有之人主張前項推定之效果，俾符公平。

第944條（占有態樣之推定）

占有人推定其為以所有之意思，善意、和平、公然及無過失占有。

經證明前後兩時為占有者，推定前後兩時之間，繼續占有。

解說

　　占有人之占有是否無過失，第1項未設推定之規定。惟所謂「無過失」乃係就其善意占有已盡其注意義務，在「善意」已受推定之範圍內，學者認為無過失為常態，有過失為變態，且無過失為消極的事實，依一般舉證責任分配原則，占有人不須就常態事實及消極事實，負舉證責任。

第945條（占有之變更）

占有依其所由發生之事實之性質，無所有之意思者，其占有人對於使其占有之人表示所有之意思時起，為以所有之意思而占有。其因新事實變為以所有之意思占有者，亦同。

使其占有之人非所有人，而占有人於為前項表示時已知占有物之所有人者，其表示並應向該所有人為之。

前二項規定，於占有人以所有之意思占有變為以其他意思而占有，或以其他意思之占有變為以不同之其他意思而占有者，準用之。

解說

　　他主占有變為自主占有，原規定占有人僅對使其占有之人表示所有之意思即可。惟使其占有之人非所有人之情形，事所

恆有，為保障所有人之權益，明定占有人於表示所有之意思時如已知占有物之所有人者，負有一併通知所有人之義務。

　　占有人占有特定物意思之變更，應不限於第1項所定之情形，有以所有之意思占有變為以其他意思而占有者，例如以所有之意思變為以地上權之意思占有等是。有以其他意思之占有變為以不同之其他意思而占有者，例如以地上權意思之占有變為以租賃或農育權意思而占有等是。此種占有狀態之變更及占有人之通知義務，應與第1項、第2項相同。

第946條（占有之移轉）
占有之移轉，因占有物之交付而生效力。
前項移轉，準用第七百六十一條之規定。

解說

　　如不交付無法辨識占有的事實，因此只要有占有的移轉，必須交付占有物才發生效力。不交付占有物，即不生移轉占有。交付有數種，現實交付、簡易交付、占有改定、讓與請求權以代交付，均可發生占有移轉的效力。

第947條（占有之合併）
占有之繼承人或受讓人，得就自己之占有或將自己之占有與其前占有人之占有合併，而為主張。
合併前占有人之占有而為主張者，並應承繼其瑕疵。

解說

占有是一種事實狀態，占有人主張時效利益，必須占有未曾中斷，始得連續計算。時效完成的期間，無須同一人占有，繼承人或受讓人可主張合併前手的占有，以享有時效的利益，但繼承人或受讓人必須是合法的繼承人或受讓人才可主張合併計算占有。

前手占有時雖有惡意的情形，繼承人或受讓人善意時，仍以善意論，但繼承人或受讓人主張合併占有，前手的瑕疵及惡意則不能置之度外。若前手的占有人並無權利能力，則後手主張合併計算占有，前手無法以所有的意思占有，此種瑕疵應由後手承繼。

第948條（善意受讓）

以動產所有權，或其他物權之移轉或設定為目的，而善意受讓該動產之占有者，縱其讓與人無讓與之權利，其占有仍受法律之保護。但受讓人明知或因重大過失而不知讓與人無讓與之權利者，不在此限。

動產占有之受讓，係依第七百六十一條第二項規定為之者，以受讓人受現實交付且交付時善意為限，始受前項規定之保護。

解說

原規定在於保障動產交易之安全，故只要受讓人為善意（不知讓與人無讓與之權利），即應保護之。惟受讓人不知讓與人無讓與之權利係因重大過失所致者，因其本身具有疏失，

應明文排除於保護範圍之外，以維護原所有權靜的安全，此不但為學者通說，德國民法第932條第2項亦作相同規定，明定如上。

　　善意取得，讓與人及受讓人除須有移轉占有之合意外，讓與人並應將動產交付於受讓人。又受讓人受現實交付且交付時為善意，始受善意取得之保護，以保障當事人權益及維護交易安全。

第949條（盜贓遺失物之回復請求權）
占有物如係盜贓、遺失物或其他非基於原占有人之意思而喪失其占有者，原占有人自喪失占有之時起二年以內，得向善意受讓之現占有人請求回復其物。
依前項規定回復其物者，自喪失其占有時起，回復其原來之權利。

解說

　　善意取得，原占有人得請求返還占有物。所稱「其他非基於原占有人之意思而喪失其占有者」，例如遺忘物、誤取物等是。

　　原占有人行使前項之回復請求權後，回復其物之效果如何，學者間雖有不同見解，惟善意取得占有喪失物之回復乃善意取得之例外，原即重在財產權靜之安全之保障，故以自喪失其占有時起，溯及回復其原來之權利。

　　例如甲遺失六法全書，乙拾獲後售予丙現由丙占有中。丙雖善意取得所有權，但甲自遺失起二年內得向丙請求返還。

第950條（盜贓遺失物回復請求之限制）
盜贓、遺失物或其他非基於原占有人之意思而喪失其占有之物，如現占有人由公開交易場所，或由販賣與其物同種之物之商人，以善意買得者，非償還其支出之價金，不得回復其物。

解說

本條所謂其他非基於原占有人之意思而喪失占有者，不包括恐嚇、詐欺行為而移轉占有。所謂盜贓指竊盜、強盜、搶奪等情形而言。

甲遺失手錶，某日見丙在公開之跳蚤市場買得該錶，甲須支付價金始得向丙請求返還之。又該跳蚤市場為公開交易場所，丙為善意買受人。

第951條（盜贓遺失物回復請求之禁止）
盜贓、遺失物或其他非基於原占有人之意思而喪失其占有之物，如係金錢或未記載權利人之有價證券，不得向其善意受讓之現占有人請求回復。

解說

金錢或無記名證券，具有流通性，原占有人不得向善意取得者請求回復，以確保交易之安全。

第951條之1（典權存續之租賃關係）
第九百四十九條及第九百五十條規定，於原占有人為惡意占有者，不適用之。

解說

　　通說所示，本法第949條及第950條規定之回復請求權人，不以占有物之所有人為限，尚及於其他具有占有權源之人，例如物之承租人、借用人、受寄人或質權人等是（黃右昌，民法物權詮解，第460頁；史尚寬，物權法論，第519頁等參照）。此外，原占有人縱無占有本權，除係惡意占有之情形外，善意占有人亦應受保護。

第952條（善意占有人之權利）
善意占有人於推定其為適法所有之權利範圍內，得為占有物之使用、收益。

解說

　　得就占有物為使用、收益者，不以所有權為限，地上權、典權、租賃權等，亦得為之。惟其權利之內容，有得為占有物之使用或收益者，有依其性質無使用收益權者（如質權），而後者無適用本條之必要。

第953條（善意占有人之責任）
善意占有人就占有物之滅失或毀損，如係因可歸責於自己之

事由所致者，對於回復請求人僅以滅失或毀損所受之利益為
限，負賠償之責。

解說

　　善意占有人如因不可歸責於自己之事由，致占有物滅失或
毀損者，對於回復請求人雖不負損害賠償責任，然善意占有人
若因此受有利益者，仍應依不當得利之規定負返還之責。

第954條（善意占有人之必要費用求償權）
善意占有人因保存占有物所支出之必要費用，得向回復請求
人請求償還。但已就占有物取得孳息者，不得請求償還通常
必要費用。

解說

　　所稱必要費用分為通常必要費用及特別必要費用兩種。前
者如占有物之維護費、飼養費或通常之修繕費。後者如占有之
建築物因風災或水災而毀損，所支出之重大修繕費用。參諸日
本民法第196條第1項、德國民法第994條第1項，明定就占有物
取得孳息者，僅就通常必要費用不得請求償還。

第955條（善意占有人之有益費用求償權）
善意占有人，因改良占有物所支出之有益費用，於其占有物
現存之增加價值限度內，得向回復請求人，請求償還。

解說

　　善意占有人因改良占有物所支出的有益費用，例如裝潢、加裝冷氣等，土地所有人請求回復時，善意占有人可於現存的價值內向回復請求人償還，若現存價值有爭議時，可委請鑑定單位鑑定價額。又土地回復請求權與有益費用請求權，並非因契約互負債務，兩者無同時履行的關係，善意占有人不得以所有人不支付有益費用而拒絕返還土地，善意占有人在訴訟上可以反訴請求償還。

第956條（惡意占有人之責任）
惡意占有人或無所有意思之占有人，就占有物之滅失或毀損，如係因可歸責於自己之事由所致者，對於回復請求人，負賠償之責。

解說

　　有關惡意、他主占有人因不可歸責於自己之事由，致占有物滅失或毀損者，對於回復請求人應無損害賠償責任，然若因占有物之滅失或毀損受有利益者，應否負返還之責，則依不當得利規定負責。

第957條（惡意占有人之必要費用求償權）
惡意占有人，因保存占有物所支出之必要費用，對於回復請求人，得依關於無因管理之規定，請求償還。

解說

　　所謂支出必要的費用，指因占有物的保存不可欠缺所支出的費用，至於支出的費用是否具備要件，以支出當時的情事，依客觀的標準決定（最高法院44年台上字第21號判例參照），明知沒有占有權利而占有，祇許請求返還必要費用，至於有益費用不得償還，避免惡意占有人增加有益費用的支出，使所有人回復難上加難。

第958條（惡意占有人之返還孳息義務）
惡意占有人，負返還孳息之義務。其孳息如已消費，或因其過失而毀損，或怠於收取者，負償還其孳息價金之義務。

解說

　　善意占有人對於占有物所生的孳息不負返還義務，而惡意占有人於占有之時即明知，占有物的孳息及占有物應返還占有人，因此，孳息如已消費，或因占有人的過失而毀損，或怠於收取，均須負償還責任。占有人先是善意占有，繼則因訴訟敗訴，變成惡意占有人時，依最高法院42年台上字第1213號判例意旨，於訴訟繫屬於法院開始，即視為惡意占有人，應負返還占有物孳息的義務。

第959條（善意占有人變為惡意占有人）
善意占有人自確知其無占有本權時起，為惡意占有人。
善意占有人於本權訴訟敗訴時，自訴狀送達之日起，視為惡意占有人。

解說

　　按善意占有人就其占有是否具有本權，查依客觀事實足認善意占有人嗣後已確知其係無占有本權者，例如所有人已向占有人提出權利證明文件或國家機關對其發出返還占有物之通知，此際，善意占有人應轉變為惡意占有人（德國民法第990條第1項參照）。如不能證明善意占有人已有上開情事者，則其僅於本條第2項之情形，始轉變為惡意占有人，自屬當然。

第960條（占有人之自力救濟）

占有人，對於侵奪或妨害其占有之行為，得以己力防禦之。占有物被侵奪者，如係不動產，占有人得於侵奪後，即時排除加害人而取回之；如係動產，占有人得就地或追蹤向加害人取回之。

解說

　　占有人於占有物被妨害或侵奪時，請求公權力救濟將緩不濟急，例如有人奪取手中的西瓜，向警察尋求保護。因此，准許占有人防禦他人的侵奪。直接占有人方有此自力救濟的權利，間接占有人並未實際占有物，因此沒有自力救濟的權利。但是間接占有也有請求返還占有物或排除侵害的權利。

　　被侵奪的物如果是不動產，占有人可以排除加害而取回占有；如果是動產，因落在加害人手中，占有人可尾隨或跟蹤加以取回。占有被侵奪或妨害時，占有人也可依侵權行為的規定，向加害人請求損害賠償。

　　占有人對於占有物雖無所有權，但占有是財產上的法益，

有人不法加以侵害，占有人可請求侵權行為損害賠償，不因無所有權而影響其請求權。

第961條（占有輔助人之自力救濟）
依第九百四十二條所定對於物有管領力之人，亦得行使前條所定占有人之權利。

解說

受僱人、學徒或基於類似關係的人，是實際上的占有人，因此可行使前條的防禦權及取回權。例如看守廠房的守衛發現有人進去偷東西，可以就地或追蹤向竊賊取回被竊的東西。

第962條（占有人之物上請求權）
占有人，其占有被侵奪者，得請求返還其占有物；占有被妨害者，得請求除去其妨害；占有有被妨害之虞者，得請求防止其妨害。

解說

法律上保護所有權與占有的機能相同，因此，所有權人可以主張的權利，占有人也可以主張。占有物被侵奪時，占有人可請求返還及請求損害賠償；占有物被妨害時，占有人可請求除去；占有物有被妨害的可能時，占有人可請求預防妨害，以保護占有的權益。例如房東將房屋出租給房客，第三人換鑰匙後強行搬入居住，房東及房客，均可請求返還房屋。又如A有

一塊空地，B將鐵欄杆擺在空地上作為停車之用，A可請求B除去該鐵欄杆，並可請求損害賠償。再如，建設公司蓋房屋，致鄰地地層下滑，房屋有傾倒的危險，鄰地的占有人可請求停止挖地。

本條的占有人包括直接占有人及間接占有人。

第963條（物上請求權之行使期間）
前條請求權，自侵奪或妨害占有或危險發生後，一年間不行使而消滅。

解說

占有的請求權時效僅一年，目的在督促占有人儘速行使權利，避免權利狀態不確定，影響社會安寧。一年的計算，一、占有物返還請求權自被侵奪占有時起算；二、占有妨害請求權，則自妨害時計算；三、占有妨害防止請求權，自危險發生時起算。占有的請求權時效已消滅，占有人如果是實體上的權利人（例如所有人），也可提起所有物的物上請求權及侵權行為損害賠償請求權，此兩種權利的時效較長，前者十五年，後者有二年及十年的時效，且如果是已登記的不動產，回復請求權沒有消滅時效的適用（大法官會議釋字第107號解釋參照）。

第963條之1（各占有人權利之行使）
數人共同占有一物時，各占有人得就占有物之全部，行使第

九百六十條或第九百六十二條之權利。

依前項規定，取回或返還之占有物，仍為占有人全體占有。

解說

共同占有之占有物受第三人侵害時，應容許各占有人就占有物之全部，行使第960條之自力救濟或第962條之物上請求權，始得保障各共同占有人之權益。

占有人依前項規定，取回或返還之占有物，於共同占有人間之效果，為全體占有。

各共同之人一起訴第三人時，應聲明將占有物返還共同占有人，而非返還自己。

第964條（占有之消滅）

占有，因占有人喪失其對於物之事實上管領力而消滅。但其管領力僅一時不能實行者，不在此限。

解說

占有因管領而取得，也因喪失管領而消滅。但占有是短暫的，一時不能行使，占有並不消滅，例如因洪水致不能管領的土地，占有並不消滅。占有是單純的事實，並不是權利，因此不得以占有的有無提起確認之訴。

第965條（共同占有）

數人共同占有一物時，各占有人就其占有物使用之範圍，不得互相請求占有之保護。

解說

　　數人共同占有一物，各占有人就占有範圍，不得相互請求占有之保護，例如共同占有一台電腦，約定各使用一天。但有一人超過一天時，他人不得以占有被妨害為由，請求排除侵害。但仍有不當得利或侵權行為損害賠償之適用。

第966條（準占有）
財產權，不因物之占有而成立者，行使其財產權之人，為準占有人。
本章關於占有之規定，於前項準占有準用之。

解說

　　行使財產權須占有該物者，如所有權、地上權、質權、典權、留置權、租賃物等。毋須占有該物者，如抵押權、不動產役權、債權、智慧財產權（商標權、專利權、著作權）。占有不動產役權、抵押權等，不必占有某物，亦可行使權利的財產權。商標權人、著作權人、專利權人，毋須占有商標物、著作物、專利權的物品亦得行使權利，因此，占有這些無體物應受與準占有有體物相同的保護。

　　債權是不因物的占有而成立的財產權，行使債權的權利，就是債權的準占有人，如準占有人並不是真正的債權人，而為債務人不知道的，債務人該占有人之清償，仍有清償之效力（最高法院42年台上字第288號判例參照）。

　　善意取得動產所有權，以占有為前提，而準占有是不占有某物，因此無法準用善意取得。

民法物權編施行法

1. 民國19年2月10日國民政府制定公布全文16條;並自民國19年5月5日施行。
2. 民國96年3月28日總統令修正公布全文24條;並自公布後六個月施行。
3. 民國98年1月23日總統令修正公布第4、11、13條條文;增訂第8-1~8-5條條文;並自公布後六個月施行。
4. 民國99年2月3日總統令增訂公布第13-1、13-2條條文;並自公布後六個月施行。

第 1 條　物權在民法物權編施行前發生者,除本施行法有特別規定外,不適用民法物權編之規定;其在修正施行前發生者,除本施行法有特別規定外,亦不適用修正施行後之規定。

第 2 條　民法物權編所定之物權,在施行前發生者,其效力自施行之日起,依民法物權編之規定。

第 3 條　民法物權編所規定之登記,另以法律定之。
　　　　物權於未能依前項法律登記前,不適用民法物權編關於登記之規定。

第 4 條　民法物權編施行前,依民法物權編之規定,消滅時效業已完成,或其時效期間尚有殘餘不足一年者,得於施行之日起,一年內行使請求權。但自其時效完成後,至民法物權編施行時,已逾民法物權編所定時效期間二分之一者,不

在此限。

前項規定，於依民法物權編修正施行後規定之消滅時效業已完成，或其時效期間尚有殘餘不足一年者，準用之。

第 5 條 民法物權編施行前，無時效性質之法定期間已屆滿者，其期間為屆滿。

民法物權編施行前已進行之期間，依民法物權編所定之無時效性質之法定期間，於施行時尚未完成者，其已經過之期間與施行後之期間，合併計算。

前項規定，於取得時效準用之。

第 6 條 前條規定，於民法物權編修正施行後所定無時效性質之法定期間準用之。但其法定期間不滿一年者，如在修正施行時尚未屆滿，其期間自修正施行之日起算。

第 7 條 民法物權編施行前占有動產而具備民法第七百六十八條之條件者，於施行之日取得其所有權。

第 8 條 民法物權編施行前占有不動產而具備民法第七百六十九條或第七百七十條之條件者，自施行之日起，得請求登記為所有人。

第8條之1 修正之民法第七百八十二條規定，於民法物權編修正施行前水源地或井之所有人，對於他人因工事杜絕、減少或污染其水，而得請求損害賠償或並得請求回復原狀者，亦適用之。

第8條之2 修正之民法第七百八十八條第二項規定，於民法物權編修正施行前有通行權人開設道路，致通行地損害過鉅者，亦適用之。但以未依修正前之規定支付償金者為限。

第8條之3 修正之民法第七百九十六條及第七百九十六條之一規定，於民法物權編修正施行前土地所有人建築房屋逾越地界，鄰地所有人請求移去或變更其房屋時，亦適用之。

第8條之4 修正之民法第七百九十六條之二規定，於民法物權編修正

施行前具有與房屋價值相當之其他建築物，亦適用之。

第8條之5　同一區分所有建築物之區分所有人間爲使其共有部分或基地之應有部分符合修正之民法第七百九十九條第四項規定之比例而爲移轉者，不受修正之民法同條第五項規定之限制。

民法物權編修正施行前，區分所有建築物之專有部分與其所屬之共有部分及其基地之權利，已分屬不同一人所有或已分別設定負擔者，其物權之移轉或設定負擔，不受修正之民法第七百九十九條第五項規定之限制。

區分所有建築物之基地，依前項規定有分離出賣之情形時，其專有部分之所有人無基地應有部分或應有部分不足者，於按其專有部分面積比例計算其基地之應有部分範圍內，有依相同條件優先承買之權利，其權利並優先於其他共有人。

前項情形，有數人表示優先承買時，應按專有部分比例買受之。但另有約定者，從其約定。

區分所有建築物之專有部分，依第二項規定有分離出賣之情形時，其基地之所有人無專有部分者，有依相同條件優先承買之權利。

前項情形，有數人表示優先承買時，以抽籤定之。但另有約定者，從其約定。

區分所有建築物之基地或專有部分之所有人依第三項或第五項規定出賣基地或專有部分時，應在該建築物之公告處或其他相當處所公告五日。優先承買權人不於最後公告日起十五日內表示優先承買者，視爲拋棄其優先承買權。

第 9 條　依法得請求登記爲所有人者，如第三條第一項所定之登記機關尚未設立，於得請求登記之日，視爲所有人。

第 10 條　民法物權編施行前，占有動產，而具備民法第八百零一條

或第八百八十六條之條件者，於施行之日，取得其所有權或質權。

第 11 條　民法物權編施行前，拾得遺失物、漂流物或沈沒物，而具備民法第八百零三條及第八百零七條之條件者，於施行之日，取得民法第八百零七條所定之權利。

第 12 條　民法物權編施行前，依民法第八百零八條或第八百十一條至第八百十四條之規定，取得所有權者，於施行之日，取得其所有權。

第 13 條　民法物權編施行前，以契約訂有共有物不分割之期限者，如其殘餘期限，自施行日起算，較民法第八百二十三條第二項所定之期限爲短者，依其期限，較長者，應自施行之日起，適用民法第八百二十三條第二項規定。

修正之民法第八百二十三條第三項規定，於民法物權編修正施行前契約訂有不分割期限者，亦適用之。

第13條之1　修正之民法第八百三十三條之一規定，於民法物權編中華民國九十九年一月五日修正之條文施行前未定有期限之地上權，亦適用之。

第13條之2　民法物權編中華民國九十九年一月五日修正之條文施行前發生之永佃權，其存續期限縮短爲自修正施行日起二十年。

前項永佃權仍適用修正前之規定。

第一項永佃權存續期限屆滿時，永佃權人得請求變更登記爲農育權。

第 14 條　修正之民法第八百七十五條之一至第八百七十五條之四之規定，於抵押物爲債務人以外之第三人所有，而其上之抵押權成立於民法物權編修正施行前者，亦適用之。

修正之民法第八百七十五條之四第二款之規定，於其後次序抵押權成立於民法物權編修正施行前者，亦同。

第 15 條　修正之民法第八百七十九條關於為債務人設定抵押權之第三人對保證人行使權利之規定，於民法物權編修正施行前已成立保證之情形，亦適用之。

第 16 條　民法物權編施行前，以抵押權擔保之債權，依民法之規定，其請求權消滅時效已完成者，民法第八百八十條所規定抵押權之消滅期間，自施行日起算。但自請求權消滅時效完成後，至施行之日已逾十年者，不得行使抵押權。

第 17 條　修正之民法第八百八十一條之一至第八百八十一條之十七之規定，除第八百八十一條之一第二項、第八百八十一條之四第二項、第八百八十一條之七之規定外，於民法物權編修正施行前設定之最高限額抵押權，亦適用之。

第 18 條　修正之民法第八百八十三條之規定，於民法物權編修正施行前以地上權或典權為標的物之抵押權及其他抵押權，亦適用之。

第 19 條　民法第八百九十二條第一項及第八百九十三條第一項所定之拍賣質物，除聲請法院拍賣者外，在拍賣法未公布施行前，得照市價變賣，並應經公證人或商業團體之證明。

第 20 條　民法物權編修正前關於質權之規定，於當舖或其他以受質為營業者，不適用之。

第 21 條　修正之民法第九百零六條之一之規定，於民法物權編修正施行前為質權標的物之債權，其清償期已屆至者，亦適用之。

第 22 條　民法物權編施行前，定有期限之典權，依舊法規得回贖者，仍適用舊法規。

第 23 條　修正之民法第九百三十二條之一之規定，於民法物權編修正施行前留置物存有所有權以外之物權者，亦適用之。

第 24 條　本施行法自民法物權編施行之日施行。
　　　　　民法物權編修正條文及本施行法修正條文，自公布後六個月施行。

國家圖書館出版品預行編目資料

民法・物權／莊勝榮著. --五版--. --臺
　北市：書泉出版社,2022.01
　　面；　公分.
　ISBN 978-986-451-246-1（平裝）

1.物權法

584.2　　　　　　　110018127

3TE6　新白話六法系列 010

民法・物權

作　　　者	莊勝榮（231）
發 行 人	楊榮川
總 經 理	楊士清
總 編 輯	楊秀麗
副總編輯	劉靜芬
責任編輯	黃郁婷、李孝怡
封面設計	姚孝慈
出 版 者	書泉出版社

地　　　址：106台北市大安區和平東路二段339號4樓

電　　　話：(02)2705-5066　　傳　　真：(02)2706-6100

網　　　址：https://www.wunan.com.tw

電子郵件：shuchuan@shuchuan.com.tw

劃撥帳號：01303853

戶　　　名：書泉出版社

總 經 銷：貿騰發賣股份有限公司

電　　　話：(02)8227-5988　　傳　　真：(02)8227-5989

網　　　址：https://www.namode.com

法律顧問　林勝安律師事務所　林勝安律師

出版日期　2003年11月初版一刷
　　　　　2009年 5 月二版一刷
　　　　　2011年 4 月三版一刷
　　　　　2015年12月四版一刷
　　　　　2022年 1 月五版一刷

定　　　價　新臺幣360元

經典永恆・名著常在

五十週年的獻禮——經典名著文庫

五南，五十年了，半個世紀，人生旅程的一大半，走過來了。

思索著，邁向百年的未來歷程，能為知識界、文化學術界作些什麼？

在速食文化的生態下，有什麼值得讓人雋永品味的？

歷代經典・當今名著，經過時間的洗禮，千錘百鍊，流傳至今，光芒耀人；

不僅使我們能領悟前人的智慧，同時也增深加廣我們思考的深度與視野。

我們決心投入巨資，有計畫的系統梳選，成立「經典名著文庫」，

希望收入古今中外思想性的、充滿睿智與獨見的經典、名著。

這是一項理想性的、永續性的巨大出版工程。

不在意讀者的眾寡，只考慮它的學術價值，力求完整展現先哲思想的軌跡；

為知識界開啟一片智慧之窗，營造一座百花綻放的世界文明公園，

任君遨遊、取菁吸蜜、嘉惠學子！